JN227956

インド工科大学マミ先生の ノープロブレムじゃない インド体験記

山田真美

笠間書院

はじめに：私が「呼ばれて」インドへ行くまでの不思議な運命

最初に、私がなぜインドへ行くことになったのか、そこから話を始めたいと思う。

今でこそ、「インドのマサチューセッツ工科大学」の異名を取るインド工科大学（Indian Institute of Technology＝略称ＩＩＴ）の教壇に立ち、公益財団法人日印協会（一九〇三〈明治三十六年〉創立）を始めとするインド関係の団体で役員を務め、インドについて書いたり講演したりしている私だが、はじめからインドを目指していたわけではなかった。それどころか、若い頃はインドのイの字も知らなかったし、正直なところ興味もなかった。

ところが、ある日突然、全く予期せぬ不思議なご縁で、インドへと続く「魔法の扉」が目の前で音を立てて開いたのである。

あれは確か一九八〇年のことだ。その頃の私は、都内のミッションスクールに通う女子大生。いわゆる西洋一辺倒で、卒業後は米国かオーストラリアの大学院に留学することを

はじめに
私が「呼ばれて」インドへ行くまでの不思議な運命

夢見ていた。そして、そのための資金をつくるべく、大学の授業がない日には、かんたんな英語通訳のアルバイトに精を出していた。

ある日、観光会社から仕事の依頼が入った。大型バス三台分の外国人が来日し、数日間にわたって都内のさまざまな場所を視察して回るので、そのうちの「二号車」のお客様の、バス移動中のお世話を担当してほしいという内容だった。

詳細はわからなかったが、私は特に深く考えもせずに、その仕事を引き受けていた。

そして、やってきた仕事の初日。お客様を出迎えるために成田空港に着いたところで、ようやく詳細を聞かされた。そして仰天した。やって来るのは、インドの国会議員の先生方と、秘書、それに随行の記者団だというではないか。

人生で初めて会うインド人が、こともあろうに国会議員！

しかも一人や二人ではなく、大型バス三台分の御一行様？

もちろん、彼らには専属のプロの通訳も付いているはずだったが、少なくともバスで移動中の身の回りのお世話は、二十歳の女子大生（つまり私）に託されたのである。これが仰天せずにおられようか。

そうこうしているあいだに飛行機が到着し、おびただしい数のインド人が一斉にゲートから吐き出されてきた。彫りの深い褐色の顔に、神秘的な瞳。二号車の旗を高く握りしめ、駐車場に停めてあったバスのところまで無我夢中で彼らを誘導した。

後部座席から順に席が埋まり、最後に、最前列の進行方向に向かって右側のシートだけが残った。そこへ、皆よりも少し遅れてやってきた最後の一人が座ると、バスは満席になった。

実は、この時に最後にバスに乗り込んできた国会議員こそが、私とインドを赤い糸で結び付けてくれた大恩人なのである。

その人の名は、ダルビル・シン。年齢は、たしか二十七歳とおっしゃっていた。インド最年少の国会議員（当時）であり、のちにラジーヴ・ガンディー政権下、三十代前半の若さで都市開発大臣に抜擢されることになる、若手のエースの一人だった。

はじめに

私が「呼ばれて」インドへ行くまでの不思議な運命

シンという名前からしてシーク教徒だったと思われるが、ターバンは巻いておらず、髪は現代風にカットしておられた。ひげもきれいに剃《そ》っていた。いただいた名刺には、インド下院を示すलोक सभा（ローク・サバー）の文字があって、それが、私が覚えた初めてのヒンディー語になった。

インド人は、意外と律儀なのかもしれない。彼らは、最初に座ったバスの座席を自分の定位置と決め、二日目以降も、誰一人としてそこから動こうとしなかった。

ダルビル氏は毎日のように最前列右側の席に座ったので、運転手の隣のバスガイド席にいる私とは、いちばん距離が近く、話がしやすかったはずだ。実際、それから毎日のバス移動中に、私たちは頻繁に言葉を交わすようになり、私はダルビル氏からインドという国についてずいぶん学ぶことができた。

さて、話が不思議になるのはここからである。

数日間の東京視察を無事に終えて空港からインドへ帰って行く時、ダルビル氏は一通りのご挨拶のあとでこうおっしゃったのだ。

「マミさん、あなたは大学を卒業したらどうなさる予定ですか」

私は正直に、「米国かオーストラリアの大学院に留学する予定です」と答えた。

これに対してダルビル氏から返ってきたのは、「なぞなぞ」のような次の言葉だった。

「大学院へ行こうというあなたの気概は立派だし、米国もオーストラリアも素晴らしい国でしょう。しかし、この世にはインドという国があることを忘れないでください。あなたは、インドへ行くために、生まれた人なのですよ」


私はなかば驚き、なかば呆れながら、目の前のインド人の大きな瞳をまじまじと見つめた。何か気の利《き》いた台詞《せりふ》を返したかったが、出てこなかった。なにしろ私は弱冠二十歳で、不思議の国からやって来た百戦錬磨の国会議員と互角に戦えるほど人生経験を積んでいなかったのだ。

言いたいことだけ言うと、ダルビル氏は穏やかな笑みを浮かべて去って行き、私の心には解けないままの「なぞなぞ」が残された。

はじめに

私が「呼ばれて」インドへ行くまでの不思議な運命

その後、大学を卒業した私は、予定どおりオーストラリアのニュー・サウス・ウェールズ大学大学院に留学。そのあと日本へ戻り、西洋と日本を繋《つな》ぐ仕事をいくつかした。結婚し、子どもにも恵まれた。

しかしその間も、毎年十二月の後半になると、決まってインドのことを思い出した。なぜなら、ニューデリーのダルビル氏からグリーティングカードが届いたからである。

それは、インド政府の紋章を象《かたど》った金のエンボス付きの立派なカードで、印刷された定型のメッセージの下には、「そろそろインドへいらっしゃいませんか」という手書きの文字が添えられていた。

次の年も、その次の年も、そのまた次の年も、毎年十二月になると同じカードが届いた。それが、約十年つづいた。

その長い年月の中で、私の心境にも徐々に変化が起こっていた。あんなに西洋一辺倒だった自分の心に、生まれて初めて「西洋以外の場所を知りたい」という欲求が生まれたのだ。

（私が人生で本当にやりたいことは何だろう？　何か、すべきことがあるのではないか？）

そう思った時に、ふと手元を見ると、十年分のグリーティングカードの束があった。

そうだ、インドへ行ってみなくては。

遅れ馳《ば》せながら、ようやくそう思った。十年間もインドへと続くドアをノックされ続けていたのに、この時まで、私にはその音が聞こえていなかったのだ。長い眠りから一気に覚醒したような瞬間だった。

本書は、西洋一辺倒だった私が、めぐりめぐってインド工科大学の教壇に立つまでの道のりをまとめた、摩訶不思議《まかふしぎ》なノンフィクションであると同時に、ナンデモアリの国インドの謎を紐解《ひもと》くための、一種の解説書でもある。

難しい学問的なことは何も書かなかった。どうか、ありとあらゆる先入観を捨て、筆者と一緒にインドを旅するような気持ちで、楽しく読み進めていただければ幸いである。

本書によって、あなたの「インドへと続く扉」が開くことを願ってやまない。

ナマステ（合掌）。

インド工科大学ハイデラバード校教養学部客員准教授

山田真美

もくじ

第三章

でもなぜか憎めないインド人の自己愛・自己主張

第四章

家族関係がとんでもなく濃厚なインド人

第五章

殺生を嫌うインド人の動物愛護

第六章

変わるインド、変わらないインド

第七章

普段あまり目にしないインドのダークサイド

※ 地図はインド観光省公式サイトを参考にした。

第一章

「ノープロブレム」じゃなかったインド留学

研究テーマが「インドマジック」に決まるまで

西洋一辺倒の呪縛が解け、遅れ馳せながらインドの存在に気づいた私が次に思ったのは、「ともあれ、近いうちに一度インドへ行ってみよう」ということだった。

しかし、行こうにも行き方がわからない。地図を見ても、インドは面積にして日本の約九倍。山あり、谷あり、平地あり、高原あり、砂漠あり、ジャングルあり、大河あり、気が遠くなるほど広大無辺で、一体どこから手を付けてよいやら見当もつかなかった。

無論、旅行会社に頼めば、無難なツアーを用意してもらえただろう。しかし、それでは「何かが違う」気がした。せっかくここまで不思議なご縁に運ばれてきたのだ。できることならここから先も、ご縁に身を任せてインドにたどり着きたかった。

実は、その日、私は都内で行なわれる或る大きなパーティに招かれていた。誰が主催者で、場所がどこだったか、今となっては詳細を思い出せないのだが、ともあれ、私はその集まりに出席した。

パーティ会場の中央に設《しつら》えられた台の上に、サリーを纏《まと》った美しい女性がいらっしゃるのが見えた。司会者の紹介によれば、なんと、その人はインド大使夫人だというではないか。これには驚いた。探していた「ご縁」が早くも現われたのかも知れない。

夫人が高いお席にいらっしゃったため、私から近づくことは難しい。そこで、小さな紙に、ダルビル氏との交友のこと、インドへ行きたいと考えていることを手短に書き、小さく折り畳んで、夫人に手渡してくれるようにとボーイに頼んだのである。

大使夫人は賢い方で、すぐに状況を理解してくださり、「改めてお話を伺いたいから」と大使公邸でのディナーに私を招いてくださった。

ちなみにこの方は、A・マーダヴァン大使夫人で、ギリジャさんとおっしゃった。

そこから先は、面白いほどトントン拍子に話が進み、ほどなく私のインド行きの話は大使館レベルで進められることになった。

ICCR（インド文化関係評議会）が、旅のスポンサー候補に挙がった。ICCRは、インドの伝統文化を海外に紹介し、国際的な人的交流を促進することを目的に一九五〇年に設立されたインド政府の自治組織である。

これまで数多くの研究者、作家、アーティスト、ダンサー、ミュージシャンといった人々がICCRの助成でインド留学を果たしており、その中にはインド哲学の第一人者で東大名誉教授の中村元《はじめ》先生や、世界的な作家の三島由紀夫《みしまゆきお》氏もいると聞いた。

ＩＣＲの招待を受けるためには、研究テーマが必要になる。しかし私は、つい最近まで西洋にばかり目を向けていたから、インドのことをほとんど何一つ知らなかった。

インドの研究と言って、まず頭に浮かぶのは、インド哲学や仏教学だろう。それ以外だと、サンスクリットやヒンディーをはじめとする語学か、タゴールやマハトマ・ガンディーなどインドの偉人の研究。あるいは伝統医学のアーユルヴェーダやヨーガ、インド舞踊やインド音楽といったところだろうか。

しかし、自分がやるべきインド研究のテーマは、他にあるような気がした。

そこまで思った時、不意に、少し前に読んだ一冊のパンフレットのことを思い出した。これが、いま思い出しても不思議なパンフレットで、そもそも、いつからそこにあったのかわからない。おそらく誰かが置いて行ったのだろうが、気がついた時には、もう目の前にあった。

ページを開くと、『あなたは魔法を信じますか？』という短い文章が目に飛び込んできた。著者は、おおすみ正秋《まさあき》さんとおっしゃる舞台演出家で、彼が前年にインドで会ったという百八歳のマジシャンのことが、淡々とした筆致で、実に魅力的に書かれていた。

「インドにおける研究テーマは〈インドマジック〉にしよう」

パンフレットのことを思い出した私は、即座にそう決心していた。インドで魔法使い探しをするなんて最高に面白そうだし、ここまでの流れを考えると、それがいちばん自然な選択肢に思えたからだ。

善は急げとばかり、ペンを取って、その場で研究計画書を書き始めていた。

「かつてインドは世界に冠たるマジック大国だった。それは歴史の中でどのように生まれ、どう発展したのか。伝統的マジックを通じて、インドの精神文化のルーツを探り、ひいては日本文化との比較考証を行ないたい」

実際にはもう少しアカデミックな言い回しの、長い英文だったが、おおよそこんなことを書いてＩＣＣＲに送った。果たしてＩＣＣＲは、「マジック」という奇妙な研究テーマを受理してくれるだろうか。「前例がない」と門前払いをされないだろうか。

結論から言えば、ＩＣＣＲは諸手を挙げて私の研究テーマを歓迎してくれたのである。「インド人自身が忘れてしまったインドの伝統的なマジックを、外国人のあなたが研究してくださるなんて、本当にありがたいことです。このテーマの研究は前例がありませんから、おおいに頑張ってください」

前例がないことを叱られるどころか、むしろ激励された。その中でも特に強く心に残っているのは、駐日インド大使館の担当官から贈られた次のメッセージである。

「インドが面白い国だと思ったら、ぜひ、あなた自身の言葉でインドを書いてください。インドがつまらなかったら、放置してくださって結構。あなたには、無理に何かを書かなければならない義務は一切ないのです」

ＩＣＣＲの助成で旅をしたからといって、妙な恩義を感じる必要はない。インドがつまらなかったら何も書かなくてよいというのだ。

この恐るべき寛大さ！　つくづく、インドはタダモノではないと思った。

〈マンゴーの木〉のマジシャンを追いかけてインド一周

こうして、インド政府の全面協力を得て、「インド一周マジシャン探しの旅」という夢のようなプロジェクトが始まった。一九九〇年二月のことである。

もちろん、インド行きが決まってから日本を出発するまで、私はできる限り多くの資料に当たり、インドマジックについて「予習」しようと試みた。しかし資料はゼロに等しく、この分野の研究がいかに未開であるかを改めて実感した。

なけなしの資料から判明したところによると、インドには多くの伝統的なマジックがあるらしい。

例えば、何の変哲もない一本の長いロープが、マジシャンの笛の音と共に踊り出し、やがてまっすぐ空へ登って行く、「インディアン・ロープマジック」。ロープが登って行く時、幼い少年が猿《ましら》のごとくスルスルとそれをよじ登って行く、という演出も定番のようだ。

また、あちらのカップからこちらのカップへ、マジシャンの掛け声とともにボールが目まぐるしく移動する「カップ&ボール」も、インド発の古いマジックだという。

ほかにも色々な伝統のマジックがある中で、私がいちばん心惹かれたのは、〈マンゴーの木〉と呼ばれるマジックだった。

マジシャンがどこからともなくやって来て、何もない土の中にマンゴーの種を埋める。彼はその上に「魔法の水」をかけ、さらに籠と風呂敷で覆って、呪文を唱える。「アブラカダブラ」か「ギリギリ」か、詳細はわからないが、とにかく呪文を唱える。

そのあといくつかのプロセスがあって、最後にマジシャンが籠を取り除くと、あら不思議、そこには子どもの背丈ほどのマンゴーの木がそそり立っているではないか。生えたばかりのマンゴーの枝には、美味しそうな実がたわわに生《な》っている。マジシャンは実をもぎ取ると、驚きでものも言えない観客たちに分け与えてやる。

……とまあ、ざっくり言うと、こんな内容のマジックらしい。

実に魅力的で、この上なく怪しく、これぞ「ザ・マジック」と呼びたい内容だ。種も仕掛けもある「手品」なのかも知れないが、だとしても、純粋に「アート」として素晴らしい。ぜひ、このマジックにテーマを絞って研究を推し進めようと思った。

こうして到着した初めてのインド。旅を全面的にスポンサーしてくれたＩＣＣＲの本部（ニューデリー）では、事務局長が満面の笑みで私を歓迎してくださった。「インドマジックの研究」という珍しい研究テーマを引っ提げて日本からやって来た私を怪しむどころか、「とっても面白そうな研究で、私も個人的にすごく興味があるわ。できたら私もこの旅にご一緒したいぐらいよ」

と、この上なくポジティブで協力的なコメントを寄せてくださった。

ちなみに事務局長はヴィーナ・シクリさんという名の女性。明るい色のサリーを優雅に着こなし、きびきびと仕事をこなしておられた。のみならず、副事務局長も若い女性。見渡すばかり男性だらけの日本のお役所を見慣れていた私は、（インドの上のほうの女性たちはこんなに進んでいるのか！）と、大変なカルチャー・ショックを受けた。

こんなに素晴らしいスタッフに恵まれていたにもかかわらず、私の研究は、実はニューデリーで早くも最初の暗礁に乗り上げかけていた。それと言うのも、〈マンゴーの木〉を演じられるマジシャンの情報が、どこを探しても見つからなかったのである。それどころか、このマジックを見たことがある人さえ、一人も見つけられずにいた。

唯一得られた証言は、ＩＣＣＲに勤務する男性職員のお爺さん（故人）が、「子どもの頃にこのマジックを見たことがある」と言っていたことだけだった。

この男性職員は、見た感じ五十歳。そのお爺さんが仮に今生きていたとすれば、推定百歳。お爺さんが子ども時代だったのは、今から九十年も前のことだ。その頃のインドでは、〈マンゴーの木〉は健在だったのだろう。しかし、私がインドにわたった一九九〇年の時点では、目撃者さえ見つからない。つまり、すでに絶滅してしまっている可能性があった。万事休す。一瞬、凹《へこ》みかけた私に向かって、シクリ局長は「ノープロブレム」と笑った。「あなたはマジシャンを探して、予定どおりインドを一周していらっしゃい。一周する間には、物凄《ものすご》いマジシャンに巡り会えるかも知れないわよ。ＩＣＲは全国に支局を持っているの。支局長たちに命じて、あなたのホテルや車を用意させます。あなたは安心してご自分の研究に専念なされればいいのよ」

この心の広さ。インドは私の想像を遥かに超えた国だと改めて思った。

こうして、ニューデリーを発った私は、〈マンゴーの木〉をこの目で見ることを旅の最大目標と定め、インドを反時計回りに一周し始めた。

それからは来る日も来る日も砂埃《すなぼこり》にまみれながら、インドの大地を汗だくで歩き回った。しかし、探せども探せども、目当てのマジシャンの行方は杳《よう》として知れなかった。

二月が終わり、三月も過ぎて、いつしか暦は四月に変わっていた。次第に真夏に近づいてゆく容赦ないインドの日差し。

そして、ついにやってきた旅の最終日。〈マンゴーの木〉の最後の使い手であるチャンド・ババという名のマジシャンが、デリーの北の郊外にあるシャディプール・ディポ橋の

スラムに住んでいると聞いた私は、彼の自宅へと走った。ところがそこで聞いた話は、

「チャンド・ババは、今から三日前、自宅で亡くなりました。八十五歳でした」

なんと、わずか三日の差で、私は夢にまで見たマジシャンに会えなかったのである。

始まりも唐突なら、終わりも唐突。こうして、〈マンゴーの木〉のマジックをただの一度も見ることのないまま、私の第一回目のインド旅行は終わった。

「楽勝だよ」の甘い言葉に乗せられ大学院へ

インドの「運命の女神」は気まぐれだ。あれだけ頑張ってインド中を歩き回った私に、最初の旅では〈マンゴーの木〉の片鱗すら見せてくれなかったのだから。

しかし結局はそのことが、その後の私をインド研究にのめり込ませてゆくための原動力となったような気がする。もしも私が、最初のインド旅行ですんなり〈マンゴーの木〉のマジシャンに出逢えていたら、私は「インドのマジックってこんなものか」と高を括《くく》り、論文を一本か二本書いただけで、この研究をやめていたかも知れない。

そう考えると、人生、何が幸運で何が不運かわからないと思えてくる。

インドには「ラクシュミー」という名の幸運の女神がいる。日本では「吉祥天《きっしょうてん》」と呼ばれるが、本家のラクシュミーは、吉祥天とは比較にならない複雑なキャラクターだ。

ラクシュミーがすべての幸運と美と富を独占する一方で、姉（一説には双子）にはありとあらゆる不運と醜さと貧しさを背負わせているのだ。ちなみに姉の名は「アラクシュミー」と言い、「幸運の反対」といった語感になる。幸運と不運を「姉妹」と位置づけたところに、インド人の深慮遠謀というか、運命に対する残酷なまでの達観ぶりが感じられて興味深い。

また、たくさんあるラクシュミーの別名の一つは「チャンチャラ」と言い、「気まぐれ」を意味する。そう、インド人にとって幸運は気まぐれなものなのだ！


ともあれ、最初のインドの旅を終えた私は、その後も時々インドへ取材旅行に出かけ、インド研究を続けていた。

最初はマジックだけに特化していた私のインド研究は、いつしかインド神話の研究へと発展していった。なぜか？

第一章

「ノープロブレム」じゃなかったインド留学

実は、インドの言葉でマジックのことを「インドラジャル」という。直訳すると「インドラの網」だが、インドラはヒンドゥー教の神様で、日本でいう帝釈天《たいしゃくてん》のこと。このことからもわかるように、マジックは根っこのところで深く神話と繋がっている。神話がわからなければマジックの深い意味がわからない。私が研究領域をマジックから神話にまで広げたのは、そんな理由からだった。

ところで、その頃の私は、時々旅行者として訪れるだけで、まだ一度もインドで「生活」したことがなかった。

「ああ、インドで暮らしてみたい！」

ある時、その切実な想いをインド人の友だちに打ち明けたところ、

「それなら今すぐインドの大学院に留学したらいいんじゃない？」

という、実にあっけらかんとした答えが返ってきて、目からウロコが十枚ぐらい一度に落ちる思いだった。

「私でも、インドの大学院でやっていけると思う？」

「ノープロブレム！　もちろん楽勝だよ。私が百%保証する」

こういう時、おおかたのインド人は「無理だ」とは言わない。彼らは基本的に「超」が

付くほどポジティブで楽天的なので、迷わず「ノープロブレム」と断言してくれる。嘘をついているのではない。それが彼らの優しさであり、持って生まれた気質なのだ。甘く心地よい言葉。私はうっかり、それを真に受けてしまった。

同じ頃、夫（日本画家の山田眞巳《まさみ》）にもインドでの大きな展覧会開催の話が持ち上がっていた。「いっそのこと、一家そろってデリーで暮らすのも面白いんじゃない？」ということになったのが、一九九六年の初頭。

私自身の留学について大使館に相談すると、前回同様、ＩＣＣＲの研究者としてのステータスを得た上で、しかるべき大学の大学院に籍を置くのがよいだろうということになった。留学先として、デリー大学の名前が候補に挙がった。一九二二年創立の、インドを代表する国立の総合大学である。

問題は、指導教授をどなたにお願いするかだ。「インドマジックの研究」を指導できる教授がいるとは思えないし、「インド神話の研究」でもちょっと怪しい。

「哲学科にインド哲学の教授がいらっしゃるから、とりあえずその先生の門下に入り、あとは現地でゆっくり調整してゆくのがよいのでは？」ということになった。

ＩＣＣＲの研究者《リサーチャー》というステータスさえゲットすれば、あとはきっと何とかなる。

というわけで、三十六歳にして、インドで大学院に入り直すことになった。

実を言えば、それまでの経験から私は、「この先、インドで活動してゆくなら、いずれ博士号が必要になるに違いない」と確信していた。というのも、インド人は日本人より遥《はる》かに博士号の有無に敏感だったからである。

インドの知識階級の人々と話していると、やたらと出てくるのが「博士号はどちらの大学でお取りになりましたか?」という質問。私が「博士号は持っていません」と答えると、速攻で「では、いつお取りになるのですか」と聞き返してくる。「子育てを優先したので、大学院に戻るチャンスがなかったのです」と理由を述べたとたん、「お子さんは、もう手が離れたでしょう。そろそろ大学院に戻る時期では?」と容赦なく畳みかけられたこともあった。「忙しいのなら、サーバント(使用人)を雇いなさい。インドの女性はみんなそうしていますよ」という、インドならではのアドバイスもあった。

日本もなかなかの学歴社会だと思うが、インドはさらにその遥か上を行く筋金入りの学歴社会らしい。そういう国で何かしようとする以上、私も否応なく博士号を意識しないわけにはいかなかった。

こうして私は、「楽勝だよ」という甘い言葉に釣られるようにして、気がつくとインドの大学院に向かって歩き出していた。

文系は食えないから医者かエンジニアを目指しなさい

ニューデリーへの引っ越しが済み、デリー大学への初登校の日がやってきた。

さすがに緊張しながら、指定された時刻に、指定された講義棟の研究室へ行ったところ、なぜか人っ子一人いない。建物全体が閑散として、ゴーストタウンの様相を呈していた。

これは一体どうしたことか。なにしろケータイのない時代なので、誰かに電話をして聞くこともできない。しかもデリー大学は郊外にあるため、近所のカフェでちょっと時間をつぶそうにも、肝心のカフェがない。ウロウロしているうちに時間だけが経ってしまった。

(実はこの日から二、三か月の記憶が、ひどく心もとない。普段の私は日記をつけているが、この日からめっきり記述が減った。ショックなことがあって、日記どころではなくなったのだ。あやふやな記憶だが、ともあれ思い出せることを書いてみることにする。)

第一章

「ノープロブレム」じゃなかったインド留学

不意に、一人のご老人が階段を昇ってやって来た。黒ぶちの眼鏡に、白いひげを蓄えた、いかにもプロフェッサー然とした小柄な男性だったと記憶している。「印哲の研究室はどちらでしょう?」と尋ねると、その人から返ってきた答えは、

「なんだって。キミは今、印哲と言ったかね? ここでは西洋哲学を教えているのだがね。印哲のような古いものをやりたいなら、デリーでは無理だ。ヴァラナシへ行きなさい。それか、カルカッタ(現在のコルカタ)だ」

という、にわかには信じられないものだった。

「私はここの印哲で学ぶために、はるばる日本からやって来たのですが……」

「だから、印哲をやりたいのなら、ヴァラナシかカルカッタへ行きなさい」

どうにも話が噛《か》み合わない。一つわかったのは、この日が休講だったということだ。前回の授業に出ていればわかったことだが、新参者の私は休講の事実を知る由もなかった。

それまでカラーだった風景が、いきなりモノクロに変わったような気分だった。

その日から私は、大学院のことで毎日のように奔走した。どこでボタンを掛け違えたのか、日本で聞いた話とインドで聞く話は、食い違いだらけだった。

まず、哲学科に籍を置いたまま神話やマジックの研究をすることは、無理のようだった。

「とりあえず印哲」といういいかげんな決定が、そもそもよくなかったのかも知れない。実際に来てみると、「とりあえず」も何も、私に許された選択肢は印哲一択だったし、しかもそれはヴァラナシかカルカッタへ行くことを意味しているようだった。

単身者ならともかく、私はファミリーでニューデリーにやって来たのだ。子どもたちは早くも新しい学校に溶け込み始めている。今さら住む町を変えられるはずもない。

インド人は何でも「ノープロブレム」で済ます人たちかと思っていたが、今回に限って言えば、とんでもない石頭だ。一旦決めたことは何が何でも変えない。一度「印哲」と言ったからには、最後まで「印哲」で行くしかないらしい。国立大学は、いわばお役所だから、一度ハンコをついて決定したことは何が何でも守るということかも知れなかった。

もっとも、彼らは悪くない。私が事前にインドまで下見に行って教授と面談をしていれば、こんな「ボタンの掛け違い」は起こらなかったのだ。今回のことは、すべて私の責任だ。

こうして、指導教官が見つからぬまま、だらだらと時間だけが過ぎていった。

大学院への入学許可証だけは日本から届いているようだったので、ともあれ私は駐日インド大使館が用意してくれた書類一式を持って留学生センターへ行き、入学手続きを済ませた。すると、その場で一か月分の奨学金を渡された。たしか二千ルピー（当時のレートで約六千円）だったと思う。奨学金は請求すれば毎月もらえるようだったが、指導教官が決まらなかったので、二か月目以降は辞退した。すると今回は彼らも、「一度決めたことだから何が何でも渡す」とキャッシュを持って追いかけては来なかった。

その後も私の研究室探しは難航した。「指導教官が見つからず困り果てている」と何人かの友だち（インド人）に話したところ、おしゃべりな彼らによって噂は拡散。あっという間に大勢の知るところとなった。

こういう時のインド人の優しさはハンパじゃない。「兄弟愛」「姉妹愛」という言葉がピッタリで、自分のことのように案じてくれる。

デリー大以外の大学の教授から「私の研究室でよければ受け入れますよ」という申し出があった。喜んで話を聞くと、なんとバリバリ理系の研究室。私に務まるわけがない。丁重にお断り申し上げたが、インド人たちは違った。なぜか皆がこの話に食らいついてきた。

「マミさん！　今の話、いいじゃないか。この際だから理転しなさい！」

「そうよ、今どき哲学や神話なんて流行《はや》らないわよ。私も、理転に賛成！」

理系志望から文系志望に変えることを「文転」というが、その反対の「理転」なんて聞いたことがない。文系の人間はちゃんと数学をやっていないから、理系に転じるのはかなり無理がある。

しかし、この「理転」というアイデアがよほど気に入ったのだろう。私が呆れているあいだに、インド人たちは勝手に結論を導こうとしていた。

「実際、これからは文系じゃ食っていけないよ。今はもうコンピュータの時代。将来を考えたら、印哲なんて寝ぼけたことを言ってないで、今すぐ道を変えることだね」

「そうよ。これから大学院へ行き直すなら、目指すは医者かエンジニアに限るわ！」

言いたいだけ言い、笑うだけ笑うと、インド人たちは気が済んだのか、サッサと帰って行った。

私が困り果てている問題を、彼らはすべて笑いの種に変えてしまった。親切なのか、余計なお世話なのか、本当にわからない人たちだ。けれども、彼らの逞《たくま》しさにはとてもじゃないがかなわないし、なぜか怒る気にはならなかった。

一つハッキリしていたのは、インドで勝ち残るためには、私もあれぐらい強くならなくてはダメということだ。こうして私の想像を絶するインド生活が始まった。

第二章

住んでみたインドは最高に疲れる国だった

家の前で女性二人が睨み合い「ここは私の縄張りだ！」

最初に借りた家は、ニューデリー南部の住宅地にあった。

一九九六年当時、この地域には「外国人」がほとんど住んでいなかったので、いかにも東アジア風の顔をした私たち家族は、かなり目立っていたらしい。引っ越した初日から「外国人が来た！」と噂になっていたと、あとで近所の人たちから聞かされた。

家は一軒家ではなく、アパート。小ぢんまりとした四階建てアパートの一階の半分がわが家で、残りの半分はテレビ番組制作会社のオフィスだった。オフィスとわが家は一枚の壁を隔てて隣接していた。

アパートを貸してくれたのは、数年前に日本で知り合い、以来家族づきあいをしてきたインド人ビジネスマンのBさんである。

「ちょっと手狭だけどさ、ここでよければ自分の家だと思って自由に住んでもらって構わないよ。もっと広いところが必要になったら、その時はその時で、また考えればいいんじゃない？」

つまり、タダでアパートを貸してくれるというのだ。こんなありがたい申し出を断る手はない。部屋数が足りないことが難だったが、まずはこのアパートで暮らすことにした。

それにしてもBさんは、なぜこんなに気前よく家を貸してくれたのだろう。率直に尋ねたところ、彼は笑いながら答えた。

「日本人のあなたたちが、インドのことをもっと知りたい、理解したいと思って、わざわざ家族でインドに来てくれたんだもの。インド人の僕がそのお礼に小さなアパートを提供するぐらい、当然のことでしょう」

これぞまさしく、インドのバクシーシ（喜捨＝喜んで捨てる）の精神ではないか！

インドには時々、こういう「神さまのような」人がいる。これを手始めに、私はインドのあちこちで、これと似たような「神懸かった」ホスピタリティーの恩恵にあずかるのだが、そのはじまりは、この時にアパートを無償提供してくださったBさんだったかも知れない。

さて、アパートで暮らし始めて間もない、ある朝のこと。子どもたちをスクールバスに乗せて送り出し、人心地ついたところで、玄関のチャイムが鳴った。ドアを開けてみると、見たことのない老婆が合掌しながら立っていた。そして、私に何か言う暇も与えずに、

「マダム。私をサーバントにお雇いくださいまし。掃除でも洗濯でも、なんでもいたします」

そう言っていきなり身を屈め、両手で私の足に触れようとしたではないか。インドでは、これは最上級の忠誠や敬意を示すポーズで、めったにやるものではない。私はあわてて老婆を制止し、立つように言った。それから、その日はゆっくり話をする時間がなかったので、住所氏名のほかに「前はどこで働いていたか?」「家事は何が得意?」など二つ三つかんたんに質問し、「あとで連絡するから」と告げて家に帰ってもらった。

二、三時間後、再びドアのチャイムが鳴った。開けてみると、今度は見知らぬ若い女性が恥ずかしそうに微笑《ほほえ》みながら立っていた。「どなた?」と聞くと、すぐに名前を名乗った。ラクシュミー(吉祥天)と言ったかサラスワティ(弁才天《べんざいてん》)と言ったか忘れたが、インドの女神様の名前だったと思う。インドではかなりの確率で、子どもに神様の名前を付けるのだ。だから、この国は神様の名前を名乗る人々であふれている。

女神の名を名乗ったその女性は、しおらしい声で、

「マダム。私をサーバントに雇ってくださいませ。料理でも掃除でもいたします」

と言い、はにかんだような笑顔を浮かべた。
なんと、本日二人目のサーバント候補である。驚きながらも、とりあえず老婆の時と同じことを質問し、「あとでこちらから連絡するから」と告げて家に帰ってもらった。

午前中のほんの短いあいだに、二人の女性が、しかも頼んでもいないのにサーバントに立候補してきたのである。わが家の引っ越しは、近所でよほど話題になっていたのだろう。この調子だと、三人目、四人目のサーバント候補が午後にもやって来るのではないか。

そう思った時だった。家の前の道路から、ガァガァという低い喚《わめ》き声とキィキィという甲高い叫び声が同時に聞こえてきたのは。

何事かとドアを開け、外を覗《のぞ》いて見ると、なんと今しがた家に帰したばかりの若い女性と、今朝がたやって来た老婆が、凄《すさ》まじい剣幕で睨《にら》み合い、怒鳴り合っていたではないか。たまたまその場に居合わせた近所のおじさんたちが、二人を取り囲み、なだめているようだったが、女性たちは今にも互いに摑《つか》みかからんばかりの勢いで怒鳴り合っている。

知らない単語だらけだったので、おじさんの一人に通訳を頼んだところ、

「二人とも、あなたの家のサーバントになりたくて一歩も引かないんですよ。〈この家はあたしの縄張りだ。とっとと帰れ、このメスブタ！〉とか〈おまえこそ帰れ、このスットコドッコイ！〉と言って騒いでいますよ」

とのことだった。

いやはや、なんたることだ。たまたま二人の女性が鉢合わせして本性を現わしていなければ、私はまんまと二人のしおらしい演技にだまされるところだった。

おじさんたちに頼んで二人を引き離してもらい、

「以後、わが家に近づくことは一切お断り！」

と、衆人環視の中で「出禁」を命じたのであった。

「インド人の就労機会を増やすためサーバントを雇いなさい」と町内会長

インドに住む上で「難しい」と痛感することの一つは、サーバントの問題だ。とても便利で、ありがたい存在である一方、一つ間違えるとひどく厄介なことにもなる。ただ、そういうことは、インドに何年も暮らすうちに少しずつわかっていったことで、ニューデリー生活を始めて間もない私が知る由もなかった。

しかし、例の、女性二人の路上での罵り合いを見てからというもの、私はサーバントを雇うことに臆病になってしまっていた。

そもそも、日本人の多くは「人を使う」ことに慣れていない。家の中に常に他人がいることは、少なからずわずらわしい。また大多数の日本人は、小・中学校時代を通じて、毎日のように学校を「清掃」した経験がある。これは世界的に見るとかなり珍しいという。日本以外の多くの国々の学校では、掃除は清掃業者に頼んで済ませてしまうからだ。

少し話がそれるが、インドでは掃除を「下位カーストの人がする〈不浄〉の仕事」と考える人がいまだに多いようで、特にトイレ掃除を絶対にやりたがらない人が少なくない。

私は二〇一五年から現在までインド工科大学の教壇に立ち、日本の文化と歴史を教えているが、そこで「トイレ掃除をする日本の小学生」の写真を見せると、必ずどよめきの声が上がる。なかには「おえっ」という吐気をもよおしたような音を発する学生もいる。「日本の子どもたちは自分たちで使ったものを自分たちでキレイに片づける」という説明に、深い感嘆を示す学生が全くいないわけではないが、「とても信じられない」という感想を持つ学生が圧倒的に多い。

日本人は誰でも家をキレイにする術《すべ》を知っているし、自分の手を汚して掃除をすることにも抵抗はない。いざとなったら、サーバントがいなくても、なんとかやっていけるだろう。しかも、ニューデリーで私たちが住んでいたのは、たいして広くもないアパート。「日本にいた時と同じように、自分たちで家事をすればよいだけのこと」

こんな結論にたどり着き、サーバント問題はひとまず棚上げしておくことにした。

こうして、しばらくは平和な時間が過ぎて行った。それから三日ほど経ったある夜のこと。家族で夕食をとっていると、またしてもドアのチャイムが鳴った。

ちなみに、この時代のインドでは、人に会うのにいちいちアポを取らず、いきなり家に押しかけることがあたりまえだった（注：二〇二〇年代の今は、家に押しかける前にワッツアップ〈WhatsApp〉で連絡を取り合うのが一般的）。

だから、一九九六年のこの時点で、私たちは夜の訪問者を少しも不審に思わなかったし、

≈ 第二章 ≈

住んでみたインドは最高に疲れる国だった

「Bさんが来たのかな」くらいに思いながら、気楽にドアを開けたのだ。

だが、そこに立っていたのは見知らぬ男たちだった。一人は、リーダーらしきお爺さん。その後方には、数人の中年の男たち。全員が、インド男性の伝統的な衣装である白いクルタ（スタンドカラーで丈の長い長袖シャツ）を着ていた。

こちらが何か言う前に、リーダー格のお爺さんが合掌しながら名乗りを上げた。

「ナマステ。夜分に失礼いたします。私はこの地区の町内会長を務める〇〇と申す者です。もしや、お夕食中にお邪魔をしてしまいましたかな。あとで出直しましょうか」

私はあわてて、「今で構いません……、サー」と答えていた。

この国の夕食時間はひどく遅い。夜の九時、十時を過ぎないとゴハンが出てこないことも珍しくない。インド人の夕食が終わった頃に出直されたりしたら、それこそ夜中になってしまう。今で構わないと答えたのは、そういう理由からだった。

ちなみに、最後の「サー」は英語の〈Sir〉。インド人が大大大好きな男性への敬称である。

「サー」と呼ばれたことに気をよくしたのか、お爺さんは満足そうに語り出した。

「では、簡潔にお話しします。こうしてお伺いしたのは、ほかでもありません、ぜひともサーバントを雇っていただけるよう、あなたがたにお願いに上がったのです。おたくでは、いまだに、たった一人のサーバントも雇っていらっしゃらないと漏れ聞きました。いかがでしょう。この際、何かのご縁と思って、一人か二人、サーバントを雇っていただけませんかな」

またサーバントの話か！「そのことでしたら……」と言おうとしたが、町内会長は人に話をする暇など与えてくれなかった。大体においてインド人の大多数は口達者だが、このお爺さんも例外ではなかった。立て板に水のごとくスピーチをつづけた。

「なにしろ、あなたがたがサーバントを雇うことによって、インド人の就労機会が増えるのですからな。別の言い方をすれば、サーバントを雇うことは、あなたがたの社会人としての義務なのですぞ。崇高なる社会貢献です。違いますかな。それに、サーバントを雇うことは、インドの流儀なのです」

こういう言い方をされると、非常に断りにくい。こちらはインドに来てからの日が浅いので、「これが流儀だ」と言われてしまうとぐうの音も出ないのだ。

勝負あり、と見たのだろう。町内会長は最後のとどめを刺すように、

「うむ、うむ。わかっていますとも。よく働いて、性格がよくて、身体の丈夫なサーバン

トをお探しなのでしょう。大丈夫です。私どもも、おたくのサーバント探しを全力でお手伝いいたしましょう。ノープロブレム！」

そんなわけで、気がついた時にはサーバントを一人、雇うことになっていた。

最初は少なからず抵抗のあった「家の中に他人がいる生活」だったが、私はあっと言う間に慣れた。理由はかんたん。サーバントがいてくれることが、予想以上に便利だったのだ。

「いずれインドでの仕事を終えて日本へ帰る時は、サーバントを連れて行きたいわねえ」などと公言するようになるまで、さほど時間はかからなかった。

こうして私はインド人の流儀に、少しずつ、やがてどっぷりと、嵌《は》まって行った。

ドリフのコント並み　アパートの壁ぶち抜き事件

ニューデリーで最初に暮らした家は、四階建てアパートの一階で、フロアの半分がわが家、残り半分がテレビ番組制作会社のオフィスだった。

とは言え玄関が別々だったので、私たちはそれぞれ専用の出入り口から出入りしていた。

そのため、私が隣人と顔を合わせるチャンスは、全くと言ってよいほどなかった。

どんな番組が作られていたのかは知る由もなかったが、オフィスには毎月のように新しい機材が運び込まれてきた。スタッフの数もこの一年で倍増したと聞いていたから、なかなか羽振りのよい会社だったようだ。

それはインドの経済成長の象徴でもあった。インドでは、それに先立つ一九九一年に経済開放政策がとられたことで、経済が急成長。テレビの需要も急増していたのだ。

それはともかく、このオフィスとわが家は、厚さ十数センチのレンガ壁を隔てて隣接していた。隣人は、普段はおおむね静かに暮らしていたので、私は壁の向こうにいる人たちの存在を気にしたことさえなかった。

ところがある朝、事情が急変した。壁の向こうから、突然けたたましい音が響きわたったのである。金槌《かなづち》で壁を強打するような音だった。

何事かと思い、隣家の門を警備しているガードマンに尋ねたところ、「内装工事です」という答え。どうやら、ビジネスが右肩上がりで実入りがよくなったお隣さんは、オフィスを今風に改装することを思いついたようなのだ。

それはよい。問題は、工事をするならするで、どうしてひとこと事前に知らせてくれなかったのかということだ。こんな大騒音の中では仕事もできないし、工事がいつ終わるのか見当もつかない。その日はたまたま、日本の月刊誌に連載していたインドの記事の締め切り日だったこともあり、私は次第にイライラを募らせていった。

この国に初めてやって来た日から気づいていたことだが、インド人は、とにかく騒音に強い人たちである。音楽でも、映画でも、テレビでも、ボリュームを最大にして聞くことがあたりまえだと思っているようだし、祭りの時に上げる花火も大きな音の出るものが多い。車の運転中は、必要がなくてもやたらにクラクションを鳴らしまくる。話し声も大きい。

もちろん、悪気は全くない。悪気がないだけに困るのは、「もう少し静かにしていただけませんか」という当方のお願いの趣旨が一向に伝わらないことだ。

例えば今回の内装工事にしても、日本人なら工事前に菓子折りを持って隣家へ行き、「ご迷惑をおかけします」と、ひとこと謝りを入れる。たとえ実際には騒音が出ないとしても、とにかく事前に謝ってしまう。そうやって相手の気持ちをおもんばかり、少し神経過剰なぐらい気を遣って物事を丸く収めてゆくのが、日本的な世間の渡り方ではなかろうか。

しかし、インドでそんな挨拶をされた経験は、今日まで一度もない。騒音をたてる側も、聞かされる側も、まるきり平気なのだと思う。

インドはそういう場所なのだ。いきなり始まった内装工事のことで怒ったところで、どうにもならないだろう。郷に入れば郷に従え。今日は近くのカフェで仕事をしよう。

そう思い直し、家を出ようとした、まさにその時だった。

それまで壁の向こうから響いていたガンガンという打撃音がひときわ大きくなり、あたりから茶色っぽい煙が立ち上り始めた。何が起こっているのか把握する暇もなく、メリメリという不気味な音を立てて、目の前の風景がゆらぎ始めた。

と、次の瞬間、大音響と共に壁は崩壊。赤い砂煙がもうもうと立ち昇る向こう側には、口をぽかんと開けて呆然と立ち尽くす職人の姿があった。

壁を壊された私もビックリ、壊したインド人もビックリ。ぽっかり開いた穴の向こうとこちらで向かい合って立ったまま、両者はしばらくのあいだ言葉も見つからないのだった。

第三者が見たら、ほとんどドリフターズの定番コント。爆笑してよい場面である。しかし私は当事者なので、少しも笑えない。

やるべきことは、ただ一つ。今すぐ社長室へ行き、たった今起こったことについて社長に知らせることだ。その際、私がこの件でいかに憤慨しているかを伝えることが肝心だった。なにしろインドでは、「目と目で見つめ合えば言葉は要らない」なんて生ぬるい作法は通じない。言いたいことがあったら、徹底的に言葉で伝えるしかないのだ。

次の瞬間、私は猛烈ダッシュで隣家に駆け込み、いちばん奥の社長室へ直行。呆気に取られている社長に、たった今起こったばかりの事故について詳細に告げた。

社長はこの瞬間まで何も把握していないようだったが、私の説明を聞き終えると、なぜかいきなり大声で笑い出した。

「壁に穴が開いた？　ワッハッハ。そりゃあキミ、傑作だねえ。そんな面白い場面を見られてラッキーだったじゃないか。壁の穴は来週までに直させるよ。ノープロブレム。ハッハッハ」

ゴメンを言わないことがインドの文化らしいことには気づいていたが、この社長はいくらなんでも酷すぎる。甘く見られないためにも、この場で決着をつけなくてはいけない。

そう思った私は、次の瞬間、少林寺拳法の構えをして大声で叫んでいた。

「この大バカ者！　それでもお前は人の上に立つ人間か！　壊した壁は今から五分以内に修理せよ。さもなければ実力交渉に出る。こう見えても私は東洋武術の達人なのだ！　戦う気なら表に出ろ！」

少林寺拳法を習ったことがあるのは事実だが、武術の達人うんぬんはハッタリである。しかし、この言葉には劇的な効果があった。社長は真っ青になってその場から逃走。壁は職人五人がかりであっと言う間に修繕され、わが家にはとりあえずの静寂が戻ってきたのだった。

ジープを盗まれ同じ日に運転手が蒸発 保険金の受け取りに一年超

インド全土で祝われる祭りの一つに「ホーリー」がある。春の到来を祝う祭りだが、この日には、相手構わず色水をかけてかまわないというトンデモナイ無礼講が許されている。血気盛んな若者たちがカラフルな色水を準備し、誰かの頭の上にぶちまけてやろうと手ぐすね引いて待っている。そんなところへノコノコ出かけ、むざむざ犠牲になるのはご免

≋ 第二章 ≋

住んでみたインドは最高に疲れる国だった

だから、例年、この日は家から出ず、静かに過ごすことに決めていた。

ある年のホーリーの翌朝のこと。起床してカーテンを開けた瞬間、何かが変だと感じた。そこにあるべき何かがないのだ。よくよく目を凝らして、ようやく気がついた。

「あーっ、車がない！」

信じられないことだが、買ったばかりのインド製ジープが、駐車場から忽然《こつぜん》と消えていた。昨夜、寝る前に窓ガラス越しに見た時は、車は確かにそこにあったというのに！

あとから知ったことだが、わが家の車が消えた、まさにその夜、同じ町内だけで計七台の新車が盗まれていた。手際のよさから見てプロの犯行で、盗まれた車はあっと言う間に山間部を抜け、ネパールの闇市場に運ばれて二度と戻らないだろうと、あとで聞かされた。

ホーリーの夜にわが家のジープが盗まれたニュースは、時を移さず友人知人に知れ渡った。ネットもSNSもない時代だから「クチコミ」だが、その反響は凄まじく、わが家には大勢の友人たちが続々と「盗難見舞い」に駆けつけてくれた。見舞いの内訳は、

「車泥棒に遭うなんてお気の毒に！　さあさあ、使っていないうちの車を持ってきたから、自由に乗ってちょうだい！」そう言って実際に車を持って来てくれた人、六人。

「ここは治安が悪い。引っ越しなさい」と、すぐに住める物件を探してくれた人、四人。

警察の偉い人を紹介してくれた人、八人。

車がどこにあるかを占うために占い師（タロットとダウジング）を連れて来た人、二人。日本ではあり得ないような「熱い」リアクションである。インド人のあまりの熱さに、車を盗まれた私たちのほうが次第に冷静になり、「まあまあ、落ち着いて」と逆に相手をなだめていたのはおかしな話だった。

盗難事件の当日から、それまで「通い」で来ていたドライバーがピタッと来なくなった。この人は、いつものドライバーが急病で休んでいるあいだの「つなぎ」に雇った仮の運転手。「短い付き合いだから」と、相手のことをよく調べなかったのがいけなかった。

彼が車泥棒だと言い切れる証拠はどこにもないが、彼ならスペアキーも作れたし、状況から見て、残念ながらその可能性は高いと思う。


不幸中の幸いでジープには保険がかけてあり、盗難に遭った場合には、車輌代金の全額が返って来ることになっていた。しかし、ここからが本当の至難の始まりだった。

車は夫名義になっていたので、彼が近くの警察署へ盗難届を出しに行ったところ、担当者は長期休暇中で、一か月後にならないと出勤しないという。ずいぶんいいかげんな警察だと憤慨しながら、待つこと一か月。休暇から戻った担当官がようやくわが家に来て、現場検証（の真似事《まね》）をして帰って行った。

それからまた、長い時間が経った。同じ担当官から「盗難証明書ができた」という連絡がきたので、夫が警察署へ出向いたところ、なぜか「署の建物の中ではなく、裏の駐車場で会おう」という指示。この時点で、すでに怪しすぎる。とりあえず安全を確保しながら言われたとおり駐車場へ行くと、担当官は証明書を差し出しながら小声で言ったそうだ。

「この紙切れ一枚と引き換えに、キミは保険屋から大金を受け取れる。それは、本官の署名がしてあるからだ。つまり、本官の署名にはそれだけの価値があるってことだ。そうだろう？　だったら、せめて車輌代の五分の一ぐらい、本官に分け前をくれないかな」

なんと袖の下を要求してきたのである。車輌代が（日本円換算で）約百五十万円だったので、その五分の一と言えば三十万円ほどである。夫は呆れ果てて、相手の言葉が聞こえなかった振りをして、さっさと証明書をポケットに納めてしまった。

すると、意外にも担当官はあっさり諦め、そのあとはただの一度もお金の無心をしてこなかった。賄賂を要求する悪徳公務員にしてはずいぶん気が弱いが、あるいは「ダメモト」で言ってみただけなのかも知れない。

次に待っていたのは保険会社との交渉。盗難証明書を持って、夫が保険会社へ出かけた。ところが、ここでは担当者がのらりくらりと答弁するばかりで、何度行っても話が一向に進まない。あっと言う間に数か月が経ってしまった。それでもめげずに足を運び、「いつになったら保険金が下りるのか」と繰り返し尋ねる夫に、返ってきた答えは、

「無理です。いつまで待っても保険なんて下りませんよ。私は何年もこの会社で働いてきましたけど、保険が下りて金をもらえた人なんて、まだ一度も見たことがありません。その証拠に、私自身もスクーターを盗まれたけど、いまだに保険金が下りる気配はありませんから。もしも奇跡が起こって保険金が下りたとしても、今から百年後でしょう」

あまりにも人をバカにしたこの発言に、今度という今度は夫の堪忍袋の緒も切れたらしい。売り言葉に買い言葉で逆襲した。

「上等だね。それなら、おたくの会社の実情を、ヒンドゥスタン・タイムズ（インドの代表的な英字新聞）に書いてもらえるよう頼んでみますよ。あそこの編集長は親友なのでね。おたくの会社の名前も、おたくの名前も、これで一躍有名になれますね。おめでとう！」

これがよほど効いたらしく、男はいきなり前言撤回。

「さっき言ったことは、私の勘違いでした！　あなたの保険金は下ります！」

そこから先は、トントン拍子とは言わないまでも、正常に物事が運み、車を盗まれてから一年後、保険金は全額無事に支払われた。

最後に会った時、保険会社の男が羨ましそうにポツンと呟《つぶや》いた、

「ヤマダさんのところは保険が下りていいなあ……」

という言葉が、実にリアルだった。

『インド大魔法団』を出版してデリーに戻ったら家の中が大洪水

一九九七年の夏、インド生活二年目にして、自分とインドとのかかわりを記した最初の記念碑的な作品を出版することができた。

本のタイトルは『インド大魔法団』。文字どおり、インドマジックの本である。

一九九〇年の、ＩＣＲの招待による初めての旅の成果を、ようやく一冊にまとめることができて、さすがに感無量だった。

何をやっても一筋縄では行かないニューデリーでの生活。ある時は欲しくもないのに無理やりサーバントを雇わされ、ある時は隣家の内装工事中に誤って壁をぶち抜かれ、またある時はジープを盗まれた上に警察官や保険屋からも騙《だま》されそうになりながら、私はコツコツと『インド大魔法団』を書き続けていた。

振り返れば、当時は首都のデリーですら停電が日常茶飯事。幸い家には小型の発電機《ジェネレーター》があったから、停電が起きてもその都度すぐに電力を確保できたが、小型なのでさすがにエアコンは起動できない。天井に造り付けられた扇風機をフル回転させ、四十五度以上の気温に耐えながら、汗だくで執筆を続けた。

そうやって書き上げた本が、ステキな装丁を施され、中堅どころの出版社から出版されたのだ。これが喜ばずにいられようか。ちょうど子どもたちの夏季休暇と重なっていたので、家族で二か月ほど日本へ一時帰国することにした。

ちなみに、この本が出版されるまでの経緯が、これまたマジカルな話なので、かんたんにご紹介したいと思う。

ニューデリー暮らしを始める二年前の一九九四年、私はP・C・ソーカ・ジュニアというインドを代表するマジシャンと組んで、「東京タワーを消す」大掛かりなイリュージョンができないものかと、あれこれ知恵を絞っていた。

ちょうどそんな時、スポニチの女性記者が私を取材にいらっしゃった。当時はインドに目を向ける人が少なかった時代で、私の存在は独特だったのかも知れない。記者さんから問われるままに語った話の中に、例の「東京タワー」のマジックのことが含まれていた。

やがて掲載された記事には、これ以上ないほど巨大な活字で「東京タワーを消す」「インドの魔力に魅せられた女性」の文字が躍り、その横では、これまた大きすぎるほど大きな写真の私が微笑んでいた（スポーツニッポン一九九四年八月一日版）。

その新聞が出た朝、一人の男性が自宅から会社に向かう通勤電車の座席に座り、すぐ前に立った乗客が広げたスポーツ新聞を裏側から読んでいた。そこには「東京タワーを消す」という摩訶不思議な記事が掲載されていたのだ。男性は迷わず、新聞の持ち主に向かって声をかけていた。

「すみませんが、その新聞記事をぜひ読みたいので、見終わったら譲ってくれませんか」

実はこの男性こそが、何を隠そう、清流出版の加登屋《かとや》陽一《よういち》社長だった。

新聞を読んだ加登屋さんからご連絡をいただき、そこからトントン拍子に話が進んでできあがったのが、私の一冊目のマジック本となる『インド大魔法団』なのだ。これまた嘘のような本当の話である。

さて、二か月の夏休みはあっと言う間に終わり、私たち一家は再び例の四階建てアパートに帰って来た。しかし、家の前に着くなり、何かがおかしいことに気づいた。

玄関のドアの下から、ザアザアと音を立てて水が流れ出している。

急いで鍵を開け、電灯を点けたところで目が点になった。なんと家の中は、リビングルームからキッチン、バスルームに至るまで、あたり一面水浸しだったではないか。

どうやら短時間に降った集中豪雨が原因で、排水パイプが決壊したらしい。目の前の光景に、夏休みの甘い余韻が木っ端みじんに吹き飛んだ。

すぐに配管工を呼び、排水パイプを修繕してもらいたいところだが、間の悪いことに今はインド独立五十周年のお祝いのため、どこのお店も軒並み休業中。

サーバントも当然、休み（有給休暇）を取って里帰り中だった。

（こうなるとわかっていたら、休み中も留守番の人を置いておけばよかった）

そう思って後悔しても、後の祭りである。

ちなみに、当時うちで雇っていたサーバントは、いつも民族衣装のサリーを着たおばあさん。やや小柄ながら頑健で、口達者な人だった。

本人はヒンドゥー教徒だと言っていたが、状況に応じて仏教、イスラム教、ジャイナ教、キリスト教、シーク教などの宗教に対しても、「みんな兄弟なんだから、仲よくしなくちゃいけません」と持論を述べ、それらすべての宗教の祭日を全部休んでしまう（しかも有給休暇）という、かなり調子のよい一面を持っていた。

結局この人は、やれ子どもの結婚だ、孫の進学だ、夫が病気で入院した、などと言い訳を重ねては、次から次へとお金を要求してくる上、話のほとんどが口から出任せだったことがじきに露見して、ついに辞めていただくことになるのだが、排水パイプ決壊事件の当時は、まだわが家の使用人だった。

彼女がいてくれれば多少は戦力になっただろうに、肝心な時にはいてくれないのだから話にならない。

水浸しになったアパートには、騒ぎを聞いて色々な人たちが駆けつけてくれた。

「三十ルピー（当時のレートで約九十円相当）くだされば、モップがけを手伝います」と志願してくる通りすがりの労働者もいたと、私の日記に書いてある。

今では考えられない少額だが、当時のニューデリーには、その程度の現金でモップがけを手伝ってくれる労働者がいくらでもいたのだ。

大勢の人たちの協力があって、パイプの仮修繕から床の拭き掃除まですべて無事にやり終えたのは、帰国から数えて三日後のことだった。

デング熱騒動と「怖い家」への引っ越し さらにそこからも引っ越し

その後も、小さな事件は絶え間なく起こった。インドで暮らすということは、それ自体が常にハプニングの中にいるようなものなのだ。

蚊に刺されてデング熱にかかり、一週間の入院生活を余儀なくされたのも、四階建てのアパートに住んでいた頃である。一九九七年はデング熱の「当たり年」で、この病気による死者は、医薬に頼る余裕のない貧困層を中心に、首都ニューデリーだけで百人超。在留邦人も次々に病院に運び込まれていた（ただし日本人の死者はゼロ）。

デング熱は、蚊によって媒介される感染症である。気をつけていたはずだが、何しろ相手は小さい。すべての侵入経路を塞ぐのは難しく、どこかでうっかり刺されたらしい。

症状には個人差があるようだが、私の場合は、仕事中にいきなり強い疲労感に襲われ、「ちょっと熱っぽいかな」と調べた時には、体温はすでに三十九度に達していた。その後、身体の節々が痛み出し、頭痛もしてきたところで改めて測ると、四十度越え。

日頃からよくしていただいていた駐インド日本大使館の医務官に相談したところ、即入院を勧められ、複数の日本人も入院中の病院に入れていただいた。

そのあとは病院のベッドの上で高熱と頭痛と節々の痛みに苦しみながら過ごし、一週間ほど経ったところで、今度は手足に発疹《ほっしん》が現われたのだが、これが激しいかゆみを伴うもので、ベッドの上で再び悶絶した。

その後、ようやく熱が下がって退院できたが、そのことをインドの友人たちに告げると、返ってきたのは「マラリアじゃなくてラッキーだったね！」というリアクション。

ドクターからは、仮にもう一度デング熱に感染した場合、重篤なデング出血熱を発症する危険が増加するから気をつけるようにと注意されていた。それなのに、「マラリアじゃなくてラッキー」と軽くいなされてしまうなんて。インドはなんと過酷なところかと、改めて痛感した。

四階建てアパート時代の「疲れる」出来事は、ほかにもたくさんある。

例えば、すぐ上の階の住人は、うちの庭をゴミ箱か何かだと思っていたのか、お菓子の包み紙などを平気でポンポン投げ込んで来たし、最上階の住人はたびたびパーティを開き、深夜まで最大ボリュームで音楽をかけながらシャウトしまくっていた。

おそらく彼らに悪気はなかったのだろう。ただ、わが家とは「常識」が違い過ぎた。

そんなこんなで、ついにこのアパートで暮らし続けることに耐えられなくなった私たちは、ニューデリーの別の地域に引っ越すことを決めた。


二番目に住んだ家は、インド人のDさん（女性）が「友だち価格」で貸してくれた一戸建てだった。Dさんはいわゆる「いいとこの奥さん」で、私たちに貸してくれた物件は、彼女が親から受け継いだまま使っていない家らしかった。

家は二階建てだったが、一階部分にはDさんの荷物が置かれていて使えず、私たちがお借りしたのは二階部分だけ。それでも四階建てアパートの時よりだいぶ面積が広くなった。

屋上には小さなサーバンツ・クォーター（サーバントが寝泊まりするための簡素な居住

空間）があって、そこには、この家を守るために十年ほど前にDさんが雇ったというサーバントの親子（父母と十代の娘）が住んでいた。

つまり、この家を借りることは、屋上に住むこの親子が漏れなく付いてくることを意味していた。そして、このことが事態を複雑なものにしていた。

なぜなら、この親子はあくまでも「Dさんの家」を守るために雇われている人々なので、私たちの世話をしてくれるサーバントは私たちが個別に雇う必要がある。しかし、親子がすでに屋上のサーバンツ・クォーターを占拠しているため、私たちが新たに雇うサーバントの泊まる場所がない。「通い」で来られる人を雇うしかなかった。

ちなみに例の、すべての宗教の祭日に有給休暇を要求してきたツワモノのおばあさんは、すでにやめていただいており、私たちはこの町で新しいサーバントを探す予定だった。

Dさんによれば、サーバントの親子はこの家をしっかりと守りながら、サーバンツ・クォーターで寝泊まりしているという。しかしDさんはここに住んでおらず、たまに立ち寄るだけだったので、この家の実態を本当に理解していたかどうか、極めて疑わしい。

私が見たところ、サーバントの親子は二階部分を自由に使いまくり、我が物顔に暮らしていたようだ。その証拠に、私たちが暮らし始めてみると、二階部分には昨日まで複数の人々が暮らしていたことを裏付けるさまざまな形跡が見つかった。

もしも、それまでの十年間、親子が広々とした二階部分を自由に使っていたとすれば、そこへ引っ越して来た私たちは、トンデモなく目障りな存在だったのではあるまいか。私たちが来たことで、親子はそれまでの優雅な生活を諦め、サーバンツ・クォーターでの窮屈な暮らしに戻らなければならなかったのだから。

Dさんが近くにいる時には愛想笑いを絶やさない親子の顔から、Dさんがいなくなった途端にスーッと笑みが消えて般若《はんにゃ》の面のようになる、その豹変《ひょうへん》ぶりも怖かった。

その後、この家では二つの怪事件が立て続けに起こった。

まず、うちで飼い始めたばかりの元気な子犬が、原因不明の病気で急死した。

次に、新しく雇ったばかりの二十代のサーバントが突然倒れ、療養のためそのまま田舎《いなか》へ帰らざるをえなくなった。せっかくサーバントが見つかったと喜んでいた矢先の出来事で、心底がっかりすると同時に、何とも言えない恐怖を覚えた。

ここにいると、ろくなことにならない。一刻も早く、こんな怖い家から出ようと思った。三度目の引っ越しをするのは、正直に言ってかなり面倒くさいことではあったが、とはいえ命や健康には代えられない。私たちは直ちに三度目の家探しを始めた。

その後、Dさんとはいつしか没交渉になり、今では苗字も忘れてしまった。

この家のサーバンツ・クォーターがその後どうなったかは、定かではない。

電話が故障　そこへ颯爽とやって来た技術者の正体は？

幸いなことに、三軒目の家はすぐに見つかった。

私たちが直面していた「住宅問題」を聞いた友だちのOさんが、「使っていない家があるから、よかったら住んでください」と即答してくれたのだ。

彼が提示した家賃は、相場の五分の一といったところ。破格の「友だち価格」であった。

今回、一連の家探しを通じてつくづく思ったのは、インドには家を持っているけれど使っていない人がわんさかいるということだった。これにはどうやらインドの税制が関係しているらしい。

インドでは一九八五年に相続税が廃止され、親が残した土地家屋をタックスフリーで相続できるようになった。親から家を譲られても、税金を払う必要がないので、当面はそのまま放置する人が少なくないのだろう。詳しいことは聞いていないが、Oさんの場合も親から譲られた土地と家屋のようだった。

しかし家というものは、誰も住まずに放置しておくと傷《いた》んでしまう。かと言って、乱暴者に貸せば家を壊される危険があるし、インド人に貸せばそのまま永遠に乗っ取られてしまうかも知れない（実際、家を乗っ取られたインド人と乗っ取ったインド人の両方をそれぞれ知っている）。

その点、せいぜい数年しかインドに滞在しない外国人に家を貸すのは賢い方法だ。なかでも日本人は、玄関で靴を脱いで中へ入るほどの綺麗好き。値上げにも素直に応じてくれる。「うるさいことをツベコベ言わないから、日本人は大人気ですよ」と或る不動産屋さんが言っていたが、まあ、それが本音というものだろう。

ともあれ、三軒目にしてようやく満足できる一戸建てが見つかった。今度のところは部屋数が多く、家全体も広々として明るい。屋上にはサーバンツ・クォーターもある。同じ町内には元政府高官や元外交官も住んでいて、治安もよさそうだ。間違っても、人の庭にゴミを投げ入れたり、夜中に大音響で音楽を垂れ流したりするような連中はいないだろう。

引っ越したことで運気が上向いたのか、サーバントとドライバーもすぐに決まった。二人はネパール出身の従兄弟同士で、サーバントが十七歳、ドライバーが二十三歳。これ以降はメンバーが変わることもなく、私たちが帰国する二〇〇一年まで忠実に働いてくれた。

これですべて安泰。メデタシ、メデタシ……と言いたいところだが、そうは問屋が卸さなかった。どんなに素敵な家に住み、忠実なサーバントに囲まれたところで、インドはインド。問題がなくなるわけがない。今度はなんと電話が繋がらなくなってしまった。

まだケータイがなく、電話と言えば固定電話の時代だ。当時のインドの電話事情は最悪で、断線も混線も日常茶飯事。とはいえ、しばらく時間を置くと自然に直るのが常だったから、今回も大丈夫と軽く考えていたのだ。しかし、待てど暮らせど、復旧の兆しが見えない。

業を煮やして、電話局に苦情を申し立てたところ、「明日うかがいます」と返事だけは立派だが、これまた何日待っても誰も来てくれなかった。

ちなみに、ヒンディー語では明日のことを「カル」と言うが、インド人に言わせると、この言葉は「今日に続く二十四時間」を指しているとは限らないそうだ。漠然とした「未来」や、ひどい場合は「来世」を意味することもあるというから、スケールが壮大すぎて

第二章 住んでみたインドは最高に疲れる国だった

全く当てにならない。

第一、ヒンディー語では「明日」のみならず「昨日」も「カル」。同じ言葉が明日と昨日を意味しているとは、さすがは悠久の国。時間の感覚がぶっ飛んでいる。


ともあれ何日も電話が通じず、いよいよ困り果てていた、ちょうどその頃。まるでタイミングを見計らったように、家の前に見慣れない自転車の男が颯爽《さっそう》とやって来た。見ると、荷台の上には、これ見よがしに電話機が乗っている。これはもしや、待ちに待った電話局の職員ではないか？　思わず呼び止めると、男は自転車の速度をゆるめ、涼しい顔で近づいて来た。

「電話局の方ですか？」と問うと、「自分はフリーの電話修理職人です」との返事。待っていた相手ではなさそうだが、いま私が必要としている人であることには違いない。「うちの電話も直せます？」と重ねて問うと、勿体《もったい》ぶった口調で、「やれるだけのことはやってみましょう」と答えた。

あとから冷静に考えれば、あまりにも胡散臭い話ではある。だが、この時の私は電話を直したい一心。男の話をすっかり信じ、仕事を依頼してしまった。

男はまず、ポケットからおもむろに鍵を取り出し、戸外に設置された配電盤の箱を開けると、おびただしい数の電話線を相手に、目にも留まらぬスピードで作業を始めた。

その惚れ惚れするような指さばき！　故障箇所はただちに修繕され、電話は再び使えるようになったではないか！

あまりの嬉しさに値切ることさえ忘れた私が、言われたとおりに修理代の二百ルピー（当時のレートで約六百円）を支払うと、男は再び自転車に飛び乗って、風のように去って行った。

私は嬉しくてたまらない。知り合いに片端から声をかけ、今の出来事を吹聴したのだが、なぜかイマイチ皆の受けがよくない。渋い顔で首を傾けるばかりか、「マミさん、もしかしてあなた、嵌められたんじゃないの？」とまで言いだす始末。

インドの友人たちの推理はこうだ。まず、電話が使えなくなったのは故障ではなく、故意である。犯人は自転車に乗って颯爽とやって来た彼。故障を直すといったって、何、自分で壊した箇所を元通りに直しただけだから、赤子の手をひねるようなものだったろう。

「それにしても二百ルピーとは、吹っ掛けてきたもんだねえ。それを値切りもしないで払うなんて、ホント、貴女らしくもない」

なるほどと気づいた時は後の祭り。しかし、少しも腹は立たなかった。それどころか一連のパフォーマンスが素晴らしすぎて、思わず拍手喝采したいような気分であった。

マジック研究の顛末とニューデリーで雇ったサーバントのその後

ここまで、ニューデリー生活中（一九九六〜二〇〇一年）に実際に起こった出来事を、「引っ越し」と「サーバント」にまつわるハプニングを中心に記してきた。

もちろん、ここに書いたことはあくまでも私自身が体験したインドであって、すべての人に当てはまるわけではない。「群盲象を撫でる」の教えどおり、私は大きな象のほんの一部について語っているにすぎないのだ。

ただ、一つハッキリしているのは、日本では絶対に起きないような理解不能な事態が、インドではそれなりに頻繁に起きるということ。

だから、「インドではそんなこともあるのだなあ」と他人の経験を前もって聞いておくだけでも、いざという時に何かの役に立つのではないかと思う。心に刻んでおいてほしい。

≈ 第二章 ≈

住んでみたインドは最高に疲れる国だった

最後に、私のマジック研究と神話研究がどうなったかを報告して、この章を終えたい。

まず、大学院の籍の件だが、インド哲学の研究室に学籍を置いたままマジックや神話の研究をすることは実質不可能と判断し、大学院はひとまずやめた。

研究をやめたのではない。研究の方法を変えることにしたのだ。

今すぐ博士号がないと仕事に就けないような切羽詰まった事情があるならともかく、私の場合は「できれば（博士号を）取りたい」と希望している段階だったので、ここは拙速に動かず、ベストタイミングの到来を待つことにした。昔から「待てば海路の日和《ひより》あり」という。チャンスが巡って来るまで、人知れずコツコツと努力を重ねていればよいのだ。

次に、具体的な研究の方法だが、「神話研究」に関しては、ヒンドゥー研究者やパンディット（バラモン学者）のもとを訪ねて話を聞かせてもらい、寺院を訪ねて聞き取り調査をし、文献を読むなどして研究をつづけた。

インド神話は、すでに多くの先人たちが研究してきた分野なので、資料探しはそう難しいことではなかった。神話のエピソードは、どれもユニークで、奥が深く、私はこれらの神々のストーリーを通じて、以前よりもインドとインド人への親しみを増していったような気がする。

「インドの古代マジック研究」に関しては、先行研究が皆無に近く、独学をするしかなかった。普通ならすぐ暗礁に乗り上げてしまいそうだが、またしても不思議な出来事が私を助けてくれた。

すでに書いたとおり、初めてのインド取材旅行の最終日、〈マンゴーの木〉を演じることのできる最後のマジシャンが三日前に亡くなったという報せを聞いた私は、茫然《ぼうぜん》自失で帰国の途に就いた。

ところが、この死亡情報が真っ赤な嘘だったことが、ニューデリー生活中に判明したのである。そこからは事態が急展開。香港出身の外交官夫人や、とびきりよく当たるタロット占い師、南インド・ケララ州出身のイケメンマジシャン（ゴーピナート・ムトゥカド氏）など、さながら『００７』の登場人物のような人々が次々に登場し、彼らのお蔭で、私はついに八年越しの夢だった〈マンゴーの木〉をこの目で見ることができたのである。

それだけではない。インドの古いマジックを追いかけてインド中を駆け回った私の活動は、新聞やテレビ番組で報道され、いつしかインドマジック界で評判になり、信じられないことだが、一九九八年五月に開催された全インドマジック大会（ヴィスマヤム'98）のゲスト審査員まで仰せつかってしまったのだ！

私がインドマジックの研究を始めた当初、一体誰がこんな結末を想像しただろうか？

マジック大会の審査員を務めたあとは、二冊目のマジック本となる『マンゴーの木』（幻冬舎、一九九八）を出版した。続く二〇〇〇年には、『インド大魔法団』と『マンゴーの木』を一緒にした英語版を"Wheel of Destiny"（「運命の輪」の意）のタイトルでニューデリーの出版社から出版。

さらに、同じく二〇〇〇年、マジック大会で知り合った「魔法少女パール」を日本に招き、文化交流のためのマジックショーをプロデュースすることもできた。

ムンバイ在住のパールは、非常に近代的なインド人ファミリーの長女で、当時はまだ十一歳（六年生）。しかし、すでに全米マジシャン連盟ＳＡＭジュニア部門二〇〇〇年チャンピョンのタイトルを獲得しており、まさに世界トップクラスのマジシャンだった。そのパールの日本初マジックショーをプロデュースできたことは、格別の想い出だ。

以上が私の、ニューデリー時代の主な仕事である。

神話の研究をしながら、マジックの研究をし、本を書き、日本の月刊誌と新聞にコラムを連載し、マジックショーもプロデュース。加えて、子どもたちのPTA活動にも積極的に参加したし、二軒目の家以降は（スクールバスの路線から遠くなったので）学校への送り迎えもやっていた（ただし運転はドライバー任せ）。

われながら目が回りそうなスケジュールだが、それが意外に楽々とできたのは、家族の理解と協力はもちろんのこと、家事を手伝ってくれるスタッフがいたからだ。

今さらながらに、当時わが家で働いてくれたサーバントたちには心から感謝している。

実は、三軒目の家で雇ったネパール出身のサーバントと私たち家族は、二〇二四年現在、SNSを通して繋がっている。もともと賢い子だったが、新時代のインドで彼がスマホを所有し、それを使いこなし、元気に生きていることを確認できて、嬉しい限りである。

次の章からは、インド人の考え方や習慣にさまざまな角度から迫ってみたい。

第三章

でもなぜか憎めないインド人の自己愛・自己主張

古い付き合いのある顧客には値段を吹っ掛けてOK

長いことインド人と付き合ってきて、つくづく思うのは、彼らの個性がいわゆる「善か悪か」で割り切れるような単純なものではないということだ。

なにしろ、インド人の約八割が（信心の度合いは人それぞれだろうが）帰依するヒンドゥー教からして、（あくまで俗説ではあるが）三億三千万の神々から成ると言われるほどの、「超」が付くほど極端な多神教である。

日本の神道も俗に八百万《やおよろず》と呼ばれる多神教だが、単純計算すると、インドはその四十倍以上も上を行っているわけだ。これだけ母数が多いと、当然のことながら色々なテイストの神様が現われる。

例えば、別の神様と戦って、五つあった顔の一つを切り落とされた神様がいる（切り落としたのがシヴァ神、切り落とされたのが梵天《ぼんてん》）。

一万六千百八人（一説には一万六千人）の妻を持つ超モテモテの神様もいる（クリシュナ神）。

他人の女房と不倫をし、罰として全身に千個のヴァギナの形を刻まれてしまった神様もいる（帝釈天）。

自身はこの世でナンバーワンの富と美貌と幸運に恵まれながら、姉は史上最悪レベルの貧困と醜悪さと不運に取りつかれているという女神様もいる（吉祥天）。

殺した敵の首を紐でつなげ、首にかけて踊る女神様もいる（カーリー神）。

母親の垢《あか》から生まれ、象の顔を持ち、小さなネズミに乗って移動する神様もいる（ガネーシャ神）。

……これだけダイナミックな神々が生まれた国なのだ。たとえインド人の発想が多少ぶっ飛んでいたとしても、そう不思議がる必要はないだろう。


さて、私がまだインドに通い始めて間もない、ある日のこと。初めて訪ねたマーケットの、一軒の小さな衣料品店の窓越しに、ステキな民族衣装が吊るしてあるのが見えた。

それは、ロングパンツ（サルワール）と腰まで覆う長めのシャツ（カミーズ）がセットになった、「サルワール・カミーズ」と呼ばれる民族衣装だった。

大好きな色とデザインだったので、迷わず店に入り、実物を手に取って眺めていると、立派なひげを蓄えた店主らしき人が満面に笑みを浮かべ、合掌しながら近づいて来た。

「こちらのお品物をお気に召されたようで、何よりでございます。ただ、この品はマダムにはサイズが大きすぎます。明日まで待っていただければ、同じものをドンピシャリのサイズでご用意いたしますが」

そう言って、ボディサイズを測るために、早くもメジャーを取り出そうとしている。

私はあわててそれを制止した。肝心の値段の確認がまだだったからだ。

今と違ってその当時のインドでは、政府系など一部のお店を除き、商品には値札が付いていないのが普通だった。客が「おいくら?」と聞いて、店員が「千ルピーです」と口頭で値段を提示し、客がそれを承知すれば商談成立。値段が気に入らなければ、客は「五百ルピーにしなさいよ」という具合に値切る。店員は「九百五十ルピーで勘弁してください」と新しい価格を提示する。そうやって、両者の数字が折り合うところまで攻防戦を続けるわけだ。高価な買い物だと一時間以上、時には何日にもわたって値段交渉をした。それが当時のインドの常識。買い物とは、しばしばひどく疲れるものだったのだ。

目の前に吊るされたサルワール・カミーズの値段を問うと、店主は、「五千ルピーでございます」と言った。それからおもむろに、「ただし、お客様が同じデザインのサルワール・カミーズを新たにオーダーなさった場合は、四千ルピーで結構です」と付け加えた。

一瞬、意味が理解できずにいると、店主は噛んで含めるように、「ここに吊された現品をお買いになる場合は五千ルピー。お客様のサイズで新たに作り直す場合は四千ルピー頂戴いたします」と言い直した。

私には店主の言葉が腑《ふ》に落ちない。「すると何ですか、おたくのお店では、何か月も軒先に吊るされて色の褪《あ》せかかったレディーメイドのほうが、新しい布でピッタリサイズに作っていただくオーダーメイドより値段が高いということでしょうか？」

「当然です！」店主は高らかに宣言した。「考えてもごらんなさい。レディーメイドの品は、いつ、誰が買ってくださるという保証がない。最悪の場合は売れ残るのですぞ。しかしオーダーメイドの品は、注文者の方が必ず買ってくださるから、売れ残ることがない。危険がない商売なので、その分お安くしてあります……」

なるほどそういう理屈があったかと、私はひどく感心しながら聞いていた。

店主は、間違いなく売れる自信があったのだろう、チャイを取り寄せて私にご馳走《ちそう》してくれた。値段交渉もスムーズに進み、自分のサイズで新たに作るサルワール・カミーズに、ドゥパッター（スカーフ）もオマケしてもらい、三千五百ルピーで手打ちとなった。

以来、私がインドではオーダーメイドの服しか買わなくなったことは言うまでもない。

これとは別にもう一つ、インドの買い物で私が気をつけているのは、親しくなったからと言って一軒のお店だけと付き合わず、常に他のお店もチェックすること。

なぜならば、付き合いの長い顧客になればなるほど、店側は「あの人はサービスをしなくても間違いなく来てくれるし、必ず買ってくれる」と甘く見て、サービスの優先順位を下げてしまい、ひどい時は吹っ掛けたりすることもあると聞いたからだ。

日本なら「古くからの付き合いがある人を疑うなんて」と、こちらの人間性を疑われてしまいそうだが、インドでは、「正しく疑う」ことは少しも悪いことではないし、むしろ推奨される行為のようだ。

国語がないインドの準公用語
大英帝国の英語を大胆にアレンジ

インドにはいわゆる「国語」が存在しない。

≈ 第三章 ≈

でもなぜか憎めないインド人の自己愛・自己主張

こう言うと、かなりの確率で「あれっ。インドの国語はヒンズー語じゃないんですか」という反応が返ってくるのだが、残念、そうではないのだ。

確かに、ヒンディー語（注：ヒンズー語ではない）はインドを代表する言語だが、立ち位置としては国語ではなく、あくまでも「公用語」なのである。

インド国民言語調査（二〇一〇～二〇一三年実施）によれば、インドには、なんと七百八十から八百八十もの言語があり、パプア・ニューギニアに次いで世界第二位の多言語国家であるという。

その中でヒンディー語はどうかというと、北インドのかなり広い地域で使用されているものの、第一言語（母語）としてヒンディーを使っている人の人数は、インド全体の四十%強に過ぎないという二〇一一年インド国勢調査の結果が出ている。

つまり六十%弱のインド人は、ヒンディー以外の言語を母語に持っているのだ。

さらに、ヒンディー語はヒンドゥー教という宗教と深い関わりのある言語のため、この言葉を国語にした場合には、それ以外の宗教の信者からの強い反発が予想される。

実際、インドは過去にヒンディー語を唯一の公用語（平たく言うと国語）にしようと試みたことがあったのだが、この時は多くの州で強い反発が起こり、一九六五年には南部タミル・ナードゥ州で大きな暴動に発展したという苦い過去がある。

さて、こうなると、期待されるのはヒンディー語に次いでナンバー2の「準公用語」という立ち位置に置かれた英語である。

インドでは、ムガール帝国時代の公用語はペルシャ語だったが、大英帝国が植民地支配していた一八三七年、英語が新たな公用語に認定された。当時のインドでは、官僚になるためには英語が必須だったため、英語の存在感・重要性はこの頃から一気に高まったものと思われる。

インドに英語をもたらしたのは大英帝国だが、今日のインドで使われている英語は、本家の英語とは異なる独自の発展を遂げてきた。

事実、英語を準公用語と定めたインドの法律の中で、インドで使われている英語は「English」ではなく「Indian English」(インド英語)と表現されている。自分たちの英語が独自であることを、堂々と認めているのだ。

実際のところ、二十一世紀におけるインドの強みの一つは、「英語圏である」という事実だろう。しかも、大英帝国が置いていった英語をそのままありがたく使うのでなく、自分たちの生活に合わせてどんどん変えてしまうところに、インド人の強さと面白さがある。

せっかくなので、二、三、インド英語の実際の例を挙げてみよう。

例その一。インドで人に名前を尋ねる時は、“What is your name?”ではなく、“What is your good name?”と聞く。

普通の英語に〈good〉が加わるだけだが、このひとことで一気に礼儀正しい感じになる。日本語のイメージにたとえたら「名前は？」と「お名前は？」の違いか。そもそもインドでは伝統的に、年長者や知らない人に名前を聞くことは失礼と考えられてきた。そういう文化圏なので、文化に合わせて英語のほうを進化させた感じ。相手が年長者や格上の人なら、最後にサー（女性ならマダム）を付けて“What is your good name, sir?”とすればさらに好ましい。

例その二。「彼は不在です」と言いたい時、インド英語では“He is out of station.”と言う。これは非常によく使われる表現だ。不在と言っても、トイレやコンビニなどただちに帰って来られる至近距離ではなく、もう少し遠い所（町の外）へ行ったようなイメージ。行き先は言わず漠然と不在を告げる時に、しばしばこの表現を使う。

例その三。インドでは、しばしばヒンディー語と英語を混ぜて使う。最も短い例が"Ek minute."であろう。"Ek"（エク）はヒンディー語で「一」。"Minute"は英語の「分」。エク・ミニットを直訳すれば「一分」の意味だが、実際には「ちょっと待って」の意味で使われる。なお、インド人は時間に関して超アバウトなので、「エク・ミニット」が正確に一分だなどと期待してはいけない。

例その四。インドでは予定を「前倒しする」ことを"prepone"（プリポン）という。予定を「延期する／後回しにする」ことを意味する英単語"postpone"（ポストポン）は世界中で使われているが、予定を前倒しして早いこと仕事を済ませる時に使われる"prepone"という単語が、なぜ時間にゆるいはずのインドで生まれたのか。謎すぎる。

例その五。インドで人が死んだ時は「賞味期限／使用期限が切れた」という。

普通、人が亡くなった時には“pass away”（逝去する）や、せめて“die”（死ぬ）という単語が使われると思うのだが、インドでは“expire”がよく使われる。この単語は、ありとあらゆる食料品の上にも書かれていて、その場合は「賞味期限／使用期限が切れる」の意味だ。なるほど、そう言われてみれば、死ぬことは賞味期限／使用期限が切れることと同義語なのかも知れない。

いかがだろう。英語にインド人の濃厚なキャラが加味されたことによって、世界でここにしかない独特なテイストを持つ言葉になったのではあるまいか。

観光名所タージ・マハルへの入場料外国人はインド人の二十二倍

インドを訪れるたびに「そろそろ勘弁してよ」と溜息をつきたくなることがある。それは、観光地への入場料の格差問題だ。外国人に課せられる入場料が、インド人のそれに比べてベラボーに高いのである。

一体どれぐらいの差があるのか。まずは、インド考古調査局の公式サイトで、日本人にも大人気のタージ・マハルの基本入場料（二〇二四年三月現在）を調べてみたところ、以下のとおりだった。

インド人：五十ルピー
外国人：千百ルピー
※一ルピー＝約一・八円

あの美しい大理石の廟を見るために、私たち外国人はなんとインド人の二十二倍もの金額を支払わなければならないのである。これは衝撃的な数字ではなかろうか。

これまで色々な国を旅してきた私だが、「外国人だから」という理由で現地人の二十二倍の入場料を取られたのは、後にも先にもインドだけ。それとも私が知らないだけで、世界にはこれ以上に外国人が搾取される観光地があるのだろうか。

よくよく調べてみると、タージ・マハルにおけるインド人と外国人の入場料の格差は、過去には今以上にひどかったこともあるようだ。二〇一五年には、インド国内の主な史跡への入場料が十二年ぶりに一斉に値上げされ、タージ・マハルの入場料は、インド人が十ルピーから三十ルピーへ、外国人は二百五十ルピーから七百五十ルピーへと、それぞれ一気に三倍値上げされたという。つまり、当時のインド人と外国人の差は二十五倍！　倍率だけ見ると、今のほうがまだ少しはマシということになる。

気を取り直して先ほどの料金表を見直すと、「外国人」以外にも、「ＮＲＩ」、「ＳＡＡＲＣ」、そして「ＢＩＭＳＴＥＣ」というカテゴリーがあって、そこに含まれる人たちも「インド人」以上の金額を支払わされていることがわかった。詳しく見てみよう。

このうちの「ＮＲＩ」とは、ノン・レジデント・インディアン、つまりインド国籍を持つ在外インド人（およびその配偶者）のこと。日本では一般に「非居住インド人」または「在外インド人」の名で知られるが、華僑になぞらえて「印僑《いんきょう》」と呼ばれることもある。彼らの料金も「外国人」と同じ千百ルピーとなっていた。彼らが外国人並みに「稼いでいる」と見なされたためだろう。

次に「SAARC」は南アジア地域協力連合のこと。加盟国はパキスタン、バングラデシュ、スリランカ、ネパール、ブータン、モルディブ、アフガニスタン。「BIMSTEC」はベンガル湾多分野技術経済協力イニシアチブで、加盟国はタイ、インド、バングラデシュ、スリランカ、ミャンマー、ネパール、ブータンである。ここに挙げた各国民（ただしインド人を除く）は、それ以外の「外国人」の約半分に当たる五百四十ルピーを払うだけでタージ・マハルに入ることができる。

「SAARC」と「BIMSTEC」は、言い換えれば友だち割引のようなものだろう。だったら「QUAD《クアッド》」の仲間である日米豪からのお客も半額にして欲しいところだが、そういう話は（当然のことながら）とんと聞かない。

このようなインド人と外国人の入場料金格差は、実はインド中で発生している。例えば、二〇二三年のある日、私はインド人の友人たちと連れ立ってフマーユーン廟（デリーの代表的な観光名所）へ行ったのだが、彼らの入場料が四十ルピーだったのに対して、外国人である私の料金は六百ルピー。友だちの十五倍も支払わされた。

相手が気の置けない友だちばかりだったので、私は素直に憤慨し、「ねえ、私があなたたちよりも余計に入場料を払わなくちゃならないのは、なぜなの？」と尋ねてみた。すると全員から返ってきたのは、「だって、インドはまだ貧しいからだよ」という同じ言葉だった。

しかし、彼らはこの会話のほんの少し前まで、インドが世界で四番目となる月面着陸を成功させたことや、G20の議長国を務めたことなど、景気のよい話を誇らしげに語っていたのだ。その舌の根も乾かぬうちに、今度は「インドはまだ貧しいから」と、正反対のことを平気で言っている。

明らかに矛盾しているように私には聞こえたが、彼らはその矛盾を全く気にしていないようだった。しかし、私の入場料だけが高かったことについては気が咎《とが》めているらしく、

「マミ、あなた、次にこういう史跡へ来る時は、エキゾティックな民族衣装を着ていらっしゃい。ヒマラヤからデリーへ遊びに来た奥さまの振りをすることよ。そうすればインド人価格で入れるから！」

と、いきなり問題解決のための珍策を語り始めた。

「日本人はアッサム人に似ているから、アッサムの奥さまの振りをなさい。え？　アッサ

ム語がしゃべれないから、すぐにバレちゃう？　ノープロブレム。チケットカウンターの係員も誰一人としてアッサム語なんてできないから、バレるわけないって」

そうだそうだ、それがいいと皆が賛成し、爆笑となったところで、この話はどこかへ立ち消えになってしまった。

やれやれ、これだからインド人にはとてもかなわない。

自分の家はピカピカに磨いても一歩外に出たらゴミだらけ

インドで残念に思うことの一つ、それは、この国の至るところに散らかるゴミの問題だ。一九九〇年から数えて三十四年。その間に、私は数えきれないほどインドを訪ね、ほぼ全域を歩き回った。そして行く先々で、何度この同じ言葉を呟いたか知れない。

「ああ、ゴミさえ散らかっていなければ、最高にステキな町なのに！」

インドでは、都市と言わず、田舎と言わず、山と言わず、川と言わず、海と言わず、どこへ行ってもほとんどの地域で大なり小なりゴミが散乱しているのだ。

ヒマラヤの壮大な風景に抱かれ、感動しながら、ふと足元を見たらゴミが散乱していて、百年の恋が一気に覚めるような想いを経験したこともある。

「聖なる」ガンジス川の中・下流が、もはや工場排水や未処理の下水などで汚染されまくっていることは、インド通の皆さんならよくご存知だろう（ただし最上流に当たるゴーモクの水は清らかだが）。

インドはなぜ、ゴミ問題をここまで後手に回してしまったのか。

インドの国内総生産（名目ＧＤＰ）は、一九九〇年の世界第十二位から、二〇二二年には世界第五位へと躍進し、近いうちにドイツと日本を追い抜いて世界第三位になることが予想される。

また科学面では、二〇二三年八月、日本に先んじて月探査機を着陸させた。これは世界で四番目の快挙である。

もうすぐ日本を超えそうなＧＤＰと、探査機を月へ飛ばすだけの技術力を持ったインドが、ゴミ問題ではひどく手こずっているように見える。

このことには、人口爆発と呼びたいほどのインドの人口増加や、ゴミ処理施設などインフラの不足、システムの機能不全、教育の不足といった「公」の問題が複雑に関わっているだろう。しかし根本的な問題はむしろ、インド人の習慣や文化、物事を浄と不浄で分けて差別する考え方など、「私」的な価値観に根深い原因がある気がしてならない。

仮に自分が住む町がゴミにまみれていたら、平均的な日本人は、おそらく黙っていない。即座に何人かの有志が集まり、あっと言う間にあたりをキレイにしてしまうだろう。

その際に、「ゴミを片付ける」という行為自体を嫌がる日本人は、あまりいないと思う。なぜなら、私たちは小一の時から、自分で使った学校は自分たちでキレイにしなさいと教育され、その方法をしっかりと教わってきたからだ。

だが、インド人はそれをしない。と言うか、できない。

前の章にも書いたが、インドの大学生に「トイレ掃除をする日本の小学生」の写真を見せると、どよめきの声が上がる。「おえっ」という嘔吐のような音を出す学生もいる。

彼らはそもそも、基本的に、自分の家の雑巾がけやトイレ掃除をした経験すらない。彼らは小学校高学年生になった頃から受験のために勉強漬けで、それ以外の経験はほとんどないのだ。その辺の道路脇にできたゴミ山を自分からすすんでキレイにするという発想は、当然ないだろうし、仮にやりたくても方法がわからないのではないか。

ただし、インドはさまざまな考えの人が住む多様な国だ。地域的な差も大きい。地方政府と住民の意識が高く、クリーンな環境を実現している町が全然ないわけではない。

インド政策委員会（NITI Aayog）による「清潔度調査」の報告書“Waste-Wise Cities”によれば、二〇一七年以来、「インドで最もクリーンな町」に選ばれているのは、インド中部、マルワ高原に位置するマドゥヤ・プラデシュ州のインドールだという。

インドールでは、廃棄物の効率的な分別と処理が可能になったことで、これまでのように埋立地に捨てられる廃棄物はほとんどなくなった。不法収集や不法投棄、野外排泄《はいせつ》（これもインドの大きな問題だ！）もなくなり、さらに、それまで社会から取り残されていたコミュニティに属する八千人以上の女性が（廃棄物処理関連の）職を得ることもできた。

もともとはインドのどこにでもあるゴミだらけの町だったインドールが変わったのは、二〇一五年のこと。当時の女性市長が町の清潔さの欠如に懸念を表明したことで、事態が変わり始めたというから、つくづく、大切なのは良いリーダーを選ぶことだと思う。

もう一つ、インド人の名誉のために申し上げると、たとえ町のあちこちがゴミであふれていたとしても、インド人の家の中がゴミだらけということはない。たいていの場合、彼らの家の中はキレイに片づいている。

インドの掃除のやり方は、日本のそれとは勝手が違う。地域によって家の様式や素材が異なるため、掃除の仕方にも色々あるが、ここでは石の床の掃除の仕方を紹介しよう。

まず、柄の部分がない箒《ほうき》（イネ科の一年草ソルガムを束ねたもの）を完全に寝かせるようにして床を掃く。次に、水をゆるく絞ったビショビショの雑巾で床を拭く。トイレとシャワーは、バケツに溜めた水をザァザァかけて、トイレシートまで丸洗い。

掃除をするのは、サーバントがいる家ならサーバント。サーバントを雇う余裕のない家なら主婦。一連のことから考えて、伝統的に主婦の地位が低かったことは想像に難くない。

掃除が終わった家の中は、全体に恐ろしく湿気《しけ》っている。乾燥させるために、天井から吊り下げられた扇風機という扇風機を、一台残らず最大出力で回す。デスク上に置いてあった書類は四方八方に吹っ飛び、肩に掛けたドゥパッタ（スカーフ）は舞い上がるが、サーバントはそんなこと知ったこっちゃない。「立派に仕事を終えたぜ」と言いたげなドヤ顔で、勝ち誇ったようにこちらを見ている。彼らにとっては至福の時なのかも知れない。

というわけで、インド人の家の「中」は概してキレイなのだ。問題は、あくまでも家の「外」のゴミ。

彼らにとっては、おそらく「公」よりも「私」のほうが圧倒的に大事なのだろう。
そのことが問題の本質だと、私には思えてならない。

私がインドでの運転をやめた理由と友人たちが免許証を紛失した事情

ニューデリーで暮らした足掛け六年間、私は自分で運転せずにドライバーを雇っていた。免許を持っていなかったわけではない。日本では当時も今も無事故・無違反の優良ドライバーだし、過去にはオーストラリアや米国でも運転していた。「インドは日本と同じ左側通行だから楽勝」と考えて、当初の計画ではインドでもみずからハンドルを握るはずだった。

だがその計画は、市内を二〜三回運転しただけで、あえなく頓挫した。なぜか。それは、ニューデリー市内の道路事情が、ほとんど異次元レベルでカオスだったからである。

まず、インドでは車間距離が限りなくゼロに近かった。前後左右それぞれの車両と、あわや接触しそうなほどの至近距離まで接近し、その絶妙な間隔を保ったまま、時速五十キロ以上でビュンビュン飛ばして行くのだ。今にも周囲の車にぶつかってしまいそうだが、なぜかこれが滅多にぶつからない。インド人同士の以心伝心というか、ほとんど神懸りの阿吽《あうん》の呼吸があるようで、とても日本人の自分が入って行ける気がしなかった。

余談ながら、彼らがいつでもどこでも時速五十キロ以上で飛ばすようになった発端は、「アンバサダー」というインドの国産車と関係があるらしい。かつては政府公用車、またタクシーとしても大活躍し、「道路の王様」とまで呼ばれたアンバサダーは、五十キロ以上で走らないとバッテリーチャージしない構造になっていたようだ。つまり、常に五十キロ以上で走っていないとエンストする。一緒に道路を走るほかの車両もアンバサダーに合わせて速度を上げた結果、インドの道路はどこもかしこも時速五十キロが常識になった。……という噂をほうぼうで聞かされた。インドなら十分にあり得る話かも知れない。

また、インド人のドライバーはクラクションの使い方がハンパじゃなかった。緊急の用事があるわけでもないのに、「付いてる物は使わなくちゃ損」とばかり、ほとんど常に鳴らしつづけている。前後左右の車のドライバー、および歩行者に対して、「オレはここを走っているんだから、おまえら絶対に近づいてくるなよ」と警告するためだと聞いた。

さらに、当時はエアコンがろくに効かない車が多く、窓を全開にして走ることが珍しくなかったのだが、信号待ち中に物乞いが窓から手を突っ込んでくるのには辟易した。図々しい手合いになると、こちらの時計などに触れながら「おくれよ、マダム」などと話しかけてくる。次々にやって来る物乞いとの攻防戦は、これまたひどく疲れるものだった。（ちなみに、現在のインドでは二十二の州と連邦直轄領が「物乞い禁止法」を定めており、物乞いの人数は私が住んでいた頃と比べて目に見えて減っている。）

そのほかにも、車の前をいきなり牛の群れが横切るわ、結婚式の楽隊の長い列（先頭は象）に巻き込まれるわ、丸見えのご遺体を板に乗せて担いだだけの葬式の列とすれ違うわ、ハプニングが多すぎて、私はわずか三日で疲労困憊してしまった。

それからは「ニューデリーでハンドルを握る」などという無謀なマネはせず、運転はドライバーに任せることにした。

運転をやめた直後、例によってインド人の友人たちと会う機会があり、その日の話題はおのずと「運転」に関することで盛り上がった「インド人はなぜスピードを出す人が多い?」とか、「インドの車にはなぜ最初からサイドミラーが付いていないのか?」など、ひとしきりおしゃべりが済んだところで、ふと、皆の運転免許証を見てみたくなった。

と言うのも、私はその時までただの一度もインドの免許証を見たことがなかったのだ。そこで、「免許証を見せてくれる?」とお願いしたところ、その途端にインド人たちはフリーズしてしまった。「免許証って何だっけ?」と言いたげな表情が顔に浮かんでいる。

一人目がカバンの中をかき回しながら、「あらやだ、免許証ないわ。もしかして、なくしたかも」と呟いた。

それを受けて二人目が、「折り畳んでズボンのポケットに入れて運んでいるうちに破れちゃったから、もうずっと家に置きっぱなしだよ」と事もなげに言った。

三人目に至っては、「実はうっかり更新を忘れちゃってさ、再発行の手続きをしなくちゃいけないんだ。けど、マミから免許証のことを言われるまで、更新し忘れたこと自体を忘れてた!」

第三章

でもなぜか憎めないインド人の自己愛・自己主張

なんと三人が三人とも、免許証を持ち合わせていなかったのだ。これにはさすがに呆れた。

ただ、よくよく聞いてみると、彼らが免許証をなくしたり、汚したり、更新を忘れたのには、同情すべき理由があった。

インドでは、交付された免許証は二十年間にわたって書き換えの必要がない（ただし取得から二十年以内に五十歳の誕生日を迎えた場合は、その時点で書き換え）。

しかも当時の免許証は、破れやすい一枚のペラペラな紙。「これを二十年間、後生大事に使えというのは無理があるよね」という友人の言葉は、当たっていると思う。

また当時のインドでは、たとえ免許の更新をうっかり忘れても、期限が切れてから五年以内なら延滞一年につき十ルピー（当時のレートで約三十円）の罰金を支払うだけで、かんたんに免許を再発行してもらえた。だから彼らは気楽に「うっかり忘れる」ことができたのだ。日本ではありえない「ゆるさ」である。

なお、二〇二四年現在、インドの免許証はＩＣチップ付きのカード型だが、有効期限は相変わらず二十年（ただし途中で四十歳になった場合はその時点で書き換え）。

つまり、二十歳から四十歳まで同じ顔写真を使うわけである。

その間にすっかり顔が変わって別人になってしまうのではないのかと他人事ながら心配だが、そこにツッコミを入れるインド人には、いまだかつて会ったことがない。

本当に、インド人は不思議な人たちだ。

インドの道路は危険がいっぱい
ハイウェイを逆走する人たち

インドの交通事情について触れたついでに、私が常々「危険」だと感じているインド流の運転作法（?）について、もう一つ書いておこう。それは、この国ではしばしば車が「逆走」してくるということだ。

日本ではあまり見かけない光景だが、インドの一般道に関していえば、バイクやオート・リクシャー（三輪タクシー）の逆走は、割と日常茶飯事である。小さめの自動車による逆走も、そう珍しいことではない。さすがにトラックやバスの逆走はあまり見かけないが、ゼロとは言えない。

ひとことで「逆走」と言ってもバリエーションがあって、本来は左側通行すべきこの国で右側通行して来る逆走もあるし、ギアをバックに入れて後ろ向きに走ってくる逆走もある。

いずれにしても、本来は一方通行すべき道を、逆方向に車が走行して来るわけだから、危険極まりない。くれぐれも気をつけることだ。

私が初めて逆走の怖さを感じたのは、二〇〇〇年初頭。場所は、その年の一月に開通したばかりの「デリー―グルガオン道路」だったと記憶している。

グルガオン（現在のグルグラム）はニューデリーの衛星都市で、当時はすでに発展目覚ましかった。約三十キロ離れたニューデリーとは、その頃はもう国道八号線で繋がっていたが、とにかく交通渋滞がひどく、二つの都市を往復するだけで一日がかりになってしまうほどだった。その混雑を軽減するために、国道八号と平行して新たに造られたのが、全長二十七・七キロのデリー―グルガオン道路である。

特筆すべきは、この道路がこのあたりで初めての有料道路だったということ。

インド人は新しいものが大好きだ。何かにつけて一番乗りしたい気持ちが強い。新しい道路を我先に走ってみたくて、初日からわれもわれもと押しかけたとしても不思議はない。

「できたばかりの有料道路を、早速逆走したヤツがいるらしい」というニュースが飛び込んできたのは、それからすぐのことだった。

どうやら、真新しい道路を走ってみようと勇んで入口を入ったものの、出口でお金を取られることを知り、あわててその場でUターンして、今来た道を逆走したらしい。

「しばらくはそういう連中がUターン逆走をする恐れがあるから、ドライバー全員が有料道路の意味をちゃんと理解するまでは、あの道路では逆走車に気をつけたほうがいいよ」と、複数の友人たちから注意された。

この逆走事件以来、私はインドの運転事情にますます興味を持つようになった。そして、気をつけてニュースをチェックしていると、この国には、他国では絶対にあり得ないレベルのムチャクチャな運転をしている人々が多々いることを実感するに至った。

その代表格が、「パンジャブ州の逆走ドライバー」として知られるハルプリート・デヴィさんだろう。

そもそもの発端はこうだ。二〇〇三年のある日、ハルプリートさんは所用あって、家から少し離れたところを運転していた。この時点では、彼はどこにでもいる普通のドライバーだった。しかし、その途中でアクシデントが起きる。バックに入れたギアが、何かの拍子に戻らなくなってしまったのだ。

どんなに頑張ってもテコでも戻らないギア。当時はケータイのない時代で、家に連絡はつかないし、あいにくお金も持ち合わせなかったので、思いあぐねた彼は、家までの道のりをすべて「逆走」で乗り切ることにした。つまり、自動車の後部を進行方向に向け、ドライバーの彼自身は進行方向と反対に身体を向けて座り、首を後ろ向きにひねった状態のまま、バックだけで帰宅したのである。

インド以外の国でこんな運転をしたら、百メートルも進まないうちに通報されてしまうと思うが、そこはそれ、ナンデモアリの国インド。彼は無事に帰宅することができた。

さて、これだけでも十分におかしな話だと思うが、ここから話はさらにおかしくなる。

家までの長い道のりを「逆走」だけで走ったハルプリートさんは、「普通の運転より逆走のほうがラクなんじゃね？」と、なんと逆走の喜びに目覚めてしまったのである。

誰もやったことのない何かをしたいという目立ちたがり屋な一面もあったようで、それ以来、彼はどこへ行くにも逆走で行くようになった。

もちろん、そのためにはいくつか車の改造が必要だった。ギアボックスは再設計され、四段階のバックギアと、前進ギア一つが付けられた。要は前向きと後ろ向きを完全に入れ替えたのである。ヘッドライトは車の後部に付け替えられた。周囲の注意喚起のため、救急車に使われているようなサイレンも取り付けられた。

特筆すべきは、彼が州政府から特別に「逆走許可証」をもらったと公言していたことだ。一体どういうことだと呆れてモノも言えない方も多いだろうが、インドは不可能が可能になる国。笑って許してあげて欲しい。

二〇一〇年代まではYouTubeなどで時々見かけたハルプリートさんだが、「この運転を続けてきたせいで、今は背中と首の痛みに悩んでいます」という言葉を最後に、最近はとんと姿を見かけない。元気でいてくれることを祈るのみである。

デリー―グルガオン道路での一件から二十四年が経った。さすがに高速道路で逆走するようなインド人はもういなくなっただろうと思いながら検索したところ、なんのことはない、二〇二三年十月二十四日、グルグラムのゴルフコース・ロードをバックギアで逆走した三人組が逮捕されているではないか（タイムズ・オブ・インディア紙二〇二三年十月三十日版）。

三人が逆走を思い立った理由は、「インスタ映えしたかったから」。どんなに時代が変わっても、インド人はどこまでも「わが道を行く」ようだ。

『マハーバーラタ』にはこの世のすべてが書かれているという大風呂敷

どこの国にも「人生訓を熱く語る」ことが好きな人はいる。

インド人は、特にその傾向が強いような気がする。

初めてインドを訪れた時から現在に至るまで、行く先々で、「人生とは……」で始まる話を聞かされてきた。話してくれたのは、主にお爺さんたちだ。当然だろう。なにしろ、長い時間を生きてきて知識は豊富だし、暇な時間もたっぷりあるのだから。

それだけなら世界中どこへ行ってもよくあることだが、インド人のお爺さんの語りが他国の人のそれと違っていたのは、しばしば「神々」が登場したこと。最初は現実の人生について語っていたはずが、気がつくと時空を飛んで、神話時代にワープしている。

「〇〇〇神もおっしゃっているように、人生というものはだね……」

そこからどっぷりと嵌まって、延々とインド神話の世界が披歴されたこともあった。

そうしたインドのお爺さんの人生訓の中に、たびたび登場したのが、『『マハーバーラタ』にはこの世に起こるすべてのことが書かれている」という謎の台詞だった。

ご存知だろうか、『マハーバーラタ』。『ラーマーヤナ』と並ぶインドの国民文学にして、二大叙事詩であり、インド人の約八十%が帰依するヒンドゥー教の聖典の一つであると同時に、秀逸な戦争文学でもある。

そのテーマをひとことで言えば、「人には、自分を捨ててでも戦わなければならない時がある」。メンタリティーとしては、日本の忠臣蔵に通じるものがあるかも知れない。

タイトルの意味は、マハーが「偉大なる・大きな」、バーラタが「バーラタ族・インド」で、全体としては「偉大なるインド」といった意味合いになる。

このうちの「バーラタ」は、紀元前一〇〇〇〜一五〇〇年頃に成立したヒンドゥー教の聖典の中にすでに見られる古い言葉で、「ヒンドゥー教色」が非常に濃い。

ここで思い出すのが、二〇二三年九月にインドが議長国となって行なわれた主要二十か国・地域首脳会議（G20）での事件だ。席上、インドの国名が従来の国際会議で使われてきた「インディア」から「バーラト」にいきなり変わったことを覚えておられるだろうか。

その時に話題になった「バーラト」と、『マハーバーラタ』の「バーラタ」は、語尾こそ異なるが同じ言葉。そして、G20の座長はヒンドゥー至上主義で知られるモディ首相。国際社会は、「インドはついに国名をヒンドゥー教式に変えるのか？」と騒然となった。

インド人の約十四％が信奉するイスラム教徒の多くは、ウルドゥー語という独自の言語を話し、インドを「バーラタ」よりむしろ「ヒンドゥスタン」と呼んでいる。国名をヒンドゥー式の「バーラタ」一本に限定してしまったら、宗教間の分断がさらに進むかも知れない。インドは、国名一つとっても、そういう複雑な問題を抱えているのだ。

「バーラタ」という言葉の説明だけで、ずいぶん時間がかかってしまった。

気を取り直して、『『マハーバーラタ』にはこの世に起こるすべてのことが書かれている」という台詞の意味について考えてみよう。

この台詞は、実は少し省略されていて、もともとは「ダルマ、アルタ、カーマ、モクシャについては、マハーバーラタの中にすべてが在り、マハーバーラタにないものはこの世に存在しない」というのが正しい。

ここに登場するダルマ、アルタ、カーマ、モクシャは、インドを理解する上での基本中の基本だ。「ダルマ」は法・義務、「アルタ」は実利・富・財、「カーマ」は愛・性愛のことで、以上の三つはインド人にとっての「人生の三大目的」とされる。

最後の「モクシャ」は解脱のことで、これを含めると「人生の四大目的」になる。

つまり、人生を通してダルマ、アルタ、カーマを追求し、その先にある解脱を果たすことこそが、人が生きる目的だというのである。そして、それら四つのことについて知りたければ、『マハーバーラタ』を読めばよいのじゃ！ すべてはそこに書いてあるのだから！

というのが、お爺さんたちの主張なのであった。

それを聞いて当初は「ずいぶん大風呂敷を広げたなあ」と思った。しかし実際に『マハーバーラタ』を知るにつれ、確かにこの本はタダモノじゃないと思うようになった。

なにしろこの本は、全体の長さがハンパじゃない。とても一人の作家が一生のあいだに書けるはずはなく、どうやら大勢の著者が数百年の歳月をかけて完成した「究極の共著」らしい。著作権の感覚がゆるゆるのインドだからこそ実現した超大作と言えるだろう。

ストーリーと人物造形には、大昔の物語とは思えない普遍性がある。その証拠に、『マハーバーラタ』は今なお各国語で出版され、演劇になり、舞踊になり、テレビ番組になり、映画になり、コミックスになり、アニメになり、ゲームになり、日本では二〇一七年と二

○二三年に『極付印度伝《きわめつきいんどでん》　マハーバーラタ戦記』として歌舞伎座で上演されている（主演は五代目尾上《おのえ》菊之助《きくのすけ》）。

インドで『マハーバーラタ』の話を延々と語ってくれた人の多くは、バスを待つために入った安いチャイ屋でたまたま隣の席に座ったお爺さんや、長距離列車で通路を隔てて乗り合わせたオジサンなど、全くの偶然に出会った、名前も知らない、そしてもう二度と会うことはないであろう人たちだった。インド人は、市井の人も実によくそういう話を知っていて、私が日本からやって来た旅人であると知るや、「インドに来たからには、これだけは知っておいたほうがいい」と前置きしてから、得意そうに話してくれたものだ。

一方的に話を続けたお爺さんは、時間がくると「では、バスに乗り遅れてしまうのでサラバじゃ」と言い残して、勝手に去って行く。彼らが勝手に始め、途中で終えた人生訓を前にして、私は予期せぬ宿題を出された小学生の心境で、心の中でこう叫んでいた。

（それで、今の話の続きは、いつ聞かせてもらえるんですか？）

答えはきっと、『マハーバーラタ』の中にあるのだろう。

第四章

家族関係がとんでもなく濃厚なインド人

基本的にみんなマザコン&ファザコン 大家族でいる利点は？

「インド人の特徴を一つ挙げなさい」と言われたら、私なら真っ先に「家族関係が濃いこと」を挙げる。

暇さえあれば、家族みんなが一緒にいるようなイメージ。しかも、その様子をソーシャルメディアで誇らしげに披露してくれる。もちろん大量の写真付きで。

家族とゴハンを食べた。家族と散歩した。家族と喧嘩した。家族と仲直りした。今日は家族の誕生日。明日は家族の誰かの結婚記念日。書き出したらきりがない。SNSは、満面の笑みを浮かべたインド人の家族写真でいっぱいだ。

彼らのプロフィール写真の中には、四十路の息子が母親と寄り添ったツーショットもあるし、父親と肩を組んで微笑む三十路の娘の写真もある。それどころか母親の写真を自分自身のプロフィール写真として使用中の大学生もいる。

同じことを日本でやったら、即座に「あの子、ファザコンだよね」とか「おまえってマザコンなんだな」というレッテルを貼られる危険性が大だが、インド人は違う。多くのインド人にとって、家族は最も誇るべきものだし、仲よくすべきものだし、皆に堂々と見せびらかすべきものなのだ。

そういえばインドには「マー・カサム」という表現がある。「母に誓って」という意味で、何か誓いを立てる時にしばしば使われる。普通、「○○に誓って」の○○に入る言葉は何かと問われたら、答えは「神」とか「天」ではなかろうか。しかしインドでは「母」が正解なのだ。こういう何げない言葉の表現一つを取ってみても、「母」のポジションの高さと、インド人母子の独特な関係性が感じられて、たいへん興味深い。

さて、ここで改めて考えてみたいのは、「そもそも家族とは誰か」ということである。例えば一般的な現代日本人なら、「家族」というカテゴリーに登場するのは、「配偶者」と「子ども（たち）」、せいぜい増えても「父母」止まりだろう。

ところが、インド人の考える「家族」は、それよりはるかに範囲が広い。配偶者、子ども（たち）、両親のほか、しばしば祖父母、兄弟姉妹、兄弟姉妹の連れ合い、オジ、オバ、イトコ、ハトコ……と続く。要は「一族郎党」が総出演といった趣《おもむき》なのだ。

この、世代を超えた共同家族、「ジョイント・ファミリー」こそが、多くのインド人にとっての伝統的家族観だと思う。

このファミリー・システムのもとでは、両親のもとに生まれた息子たちは、結婚（原則、お見合い婚）の後も生家に残る。そこで嫁を取り、子を生し、一生をそこで過ごす。

一方、両親のもとに生まれた娘たちはといえば、結婚（原則、お見合い婚）と同時に生家を出て、それ以降は嫁ぎ先の家族の一員となり、生涯をそこで暮らす。

ファミリーを率いるのは、「カルタ」と呼ばれる長老男子だ。彼を中心にファミリーは結束し、運命共同体として行動を共にする。インドは「家父長」の意識が強く、基本的にはいまだに男性中心の社会だ（ただし母系制を営んできた一部地域を除く）。

もっとも、最近はこうした暮らし方が徐々に減って、都市部を中心に核家族が増えているという意見もある。確かにニューデリーやムンバイといった大都市で暮らしていると、ジョイント・ファミリーのことなどうっかり忘れてしまいそうなぐらい、一見、誰もが自由気ままに生きているように見えなくもない。

しかし英字紙ザ・ヒンドゥー（二〇一八年一月十五日版）によれば、都市部に住む二十二歳～二十九歳のインド人のうちの八十％が親と同居しているそうだし、ＢＢＣワールドニュース（二〇二〇年九月十四日版）も、インドの高齢寡婦・寡夫の圧倒的多数（約八十%）は子どもと暮らしているという調査結果を報じている。

都市部でさえ八十%が同居なのだ。田舎へ行けば、大多数のインド人にとって年老いた親との同居は当然のことだろう。

実はここに、興味深い所得税法（一九六一年制定）がある。法律の名前は「Hindu Undivided Family」、略して「HUF」。日本語に訳すと「ヒンドゥー合同ファミリー」とか「ヒンドゥー未分割ファミリー」となるが、ここでは「HUF」と呼ぶことにしよう。

これはヒンドゥー教徒・仏教徒・ジャイナ教徒・シーク教徒のジョイント・ファミリーを対象とした所得税法で、インド最南端のケララ州を除くインド全土で効力を持っている。

ちなみに、イスラム教徒やキリスト教徒のジョイント・ファミリーがHUFの対象になることはないようだ。インドに国語がないことはすでに述べたが、ここでは法律でさえ、必ずしも全員に適用されるわけではないのだ。

HUFの特記すべき点は、共同所得に対する税金が「特定の個人」ではなく「家族全員」にまとめて課税され、その結果、税制上の優遇措置を受ける可能性が生まれること。

つまり、大家族でいることによって、みずからの財産をよりよく運用できる。家族が一緒にいることには、「愛」のほかに、そんな生々しい金銭上のメリットがあるようなのだ。


二〇二三年にインド工科大学で日本文化について講義した際、今の日本で一般的になりつつある「お一人様」のことを話したところ、クラスが大きくどよめいた。

「一人ご飯？　一人旅？　そんな淋《さび》しいこと、信じられない！」

「日本人にも家族はいるんでしょう？　家族はどこへ行ってしまったんですか？」

子どもの頃から「ジョイント・ファミリー」の一構成員として生きてきたのであろう彼らの目には、現代日本の家族の在り方こそ、かなり奇異なものに映っているのかも知れない。

親は子どもを溺愛しまくり　子の人生にも介入しまくり

大ヒットしたインド映画『きっと、うまくいく』（二〇〇九年作品）をご存知だろうか。

〜 第四章 〜

家族関係がとんでもなく濃厚なインド人

インド工科大学がモデルと思われる超難関理系大学を舞台に、現代インドが抱えるシリアスな問題（例えば学生が追い詰められて自殺するほどの学歴競争や、親たちの貧富格差の問題など）を、ていねいに、しかもコメディータッチで描いた娯楽大作だ。

映画が始まって間もなく、三人の主人公のうちの一人がみずからの誕生を回想するシーンがある。近代的な病院。ベビーベッドに寝かされた赤ちゃんを、父親と、祖母やオバとおぼしき四人の女性たちが誇らしげに覗き込んでいる。

このあと、生後わずか一分の息子に向かって父親がかける言葉が強烈だ。

「メラ・ベタ・エンジニア・バネガ」

ヒンディー語で「私の息子はエンジニアになるだろう」の意味である。生まれたばかりの息子の未来を勝手に決めつける父。しかも、それに賛同するように、隣の女性（年齢や態度からしておそらく父親の姉妹）がすかさず、「B.Tech《ビーテック》エンジニアよ」と念を押す。

B.Techとは「科学技術学士」の略で、インドで大人気の学位。すなわち、B.Techエンジニアはそんじょそこらのエンジニアではなく、最高のエンジニアを意味している。

父親の横には、ほかにも祖母やオバがいるが、彼女たちの中に「この子の好きな道を歩ませてあげればいいじゃないか」と言ってくれる人は誰一人いない。

かくして、家族や親戚が一丸となって「将来はエンジニア」の烙印を押した少年は、親が引いた線路の上を素直に育っていく。いや、本当は別にやりたいことがあるのだが、両親を喜ばせるためにエンジニアの道を進もうとするのだ。

……以上はあくまでも映画のストーリーだが、ここに登場した父親のように、わが子のキャリアを一方的に決めようとするインド人は、私の身の回りにも相当数存在する。

エコノミック・タイムズ紙（二〇一五年十月十四日版）によれば、インド人の親のうち、実に八十二％が、子どものキャリア決定に大きく関与しているらしい。これはブラジル（九十二％）、中国（八十七％）に次いで世界で三番目に大きなパーセンテージだ。

人生において大きな選択を迫られる事項と言ったら、やはり「教育」と「結婚」だろう。ではインド人の親たちが子どもの「教育」と「結婚」に向ける情熱はどうかというと、私の知る限り、これはもう「凄い」の一語に尽きる（もちろんインド人全員がそうだというわけではない。あくまでも傾向である。念のため）。

私の子どもたちは大きなインターナショナルスクールで育ったので、同じ学校には世界中の国々から多様なバックグラウンドを持つ子どもたちが集まって来ていた。保護者たちは皆、大なり小なり教育熱心だったが、その中で突出して教育熱心な親御さんがいた。インド人である。そのお母さんは毎日のように学校へやって来ては、先生に詰め寄り、「うちの子は飛び抜けて頭がよい子だから飛び級をさせるべきだ」と熱心に口説いていた。他のお母さんたちがカフェでおしゃべりをしている間も、彼女だけは校長先生や担任の先生の部屋を飛び回り、息子が天才であること、だから飛び級させるべきだということを、こんこんと説いて回っていた。正直なところ、あの状態が毎日続けば、先生もいいかげんお疲れになったのではないかと思う。やがて息子さんは母親の希望どおり飛び級を果たした。

あとで人づてに聞いたところでは、このお母さんは息子さんが大学に入るまで、手取り足取り息子さんのためのフルサポートをしていたという。この話を別のインド人の友だちに告げたところ、「ああ、それがインドの普通だよ。もっとすごい親はいくらでもいる」とバッサリ斬られてしまった。全くたいしたものだ。私にはとてもマネできそうにない。

結婚に関しては、つい最近こんなことがあった。

私の知人に、M君というインド人の男性がいる。年齢は二十代後半。彼には何年か真剣に付き合ったインド人女性がおり、両者とも結婚を望んでいた。しかし、一つ問題があった。彼がクシャトリヤ階級の出身であるのに対して、彼女は一つ上のバラモン階級だったのだ。

ヒンドゥー教には四つのヴァルナ（いわゆるカースト制度に基づく身分階級）があり、上位から順にバラモン、クシャトリヤ、ヴァイシャ、シュードラとなっている。そして、ヒンドゥー教の教えに厳格に従えば、自分より上位ヴァルナの女性との結婚は避けるべきとされる。「両親がこの結婚を許してくれるかどうか……」そう言ってM君は不安そうにしていたが、とは言え二人の両親はそれぞれ近代的な高等教育を受けた人たち。許してもらえるのではないかという密かな期待があった。ともあれ、二人は両親に恋人の存在を知らせ、結婚の許可を得るために、それぞれ別々に自分の家へ帰って行った。

私は幾度かM君の相談に乗っていたので、よい報告がくることを期待していた。しかし、なかなか返事が来ない。心配しながら待つこと一か月。ついにM君から「結婚することになりました」という連絡が来た。しかし妻となる人の名前に聞き覚えがない。数年付き合った彼女とは別の女性なのだ。怪訝《けげん》に思いながら尋ねると、驚くべき答えが返ってきた。

家に帰ってみると、鬼の形相をした両親が待っていた。なぜか祖父母やオジ、オバたちも総動員していた。父親は、M君に何か言う間を与えず、「おまえの結婚相手を探しておいたから、すぐに結婚の準備をしなさい」と命令。M君は心臓が止まりそうなショックを受けたが、両親は阿修羅のごとく怒っており、とても反論のできる雰囲気ではなかった。

実は、両親はM君の恋人の存在に気づいており、先手を打って見合いの話をどんどん進めていたらしい。恋人が同席した席ではM君の気持ちが揺れてしまうかも知れないので、あえて一人で帰宅させ、親が決めた女性との結婚を断れないように謀《はか》ったのだ。

同じ頃、恋人の家でも彼女に相応しい男性とのお見合いが用意されていた。二人とも両親がかけた罠《わな》に見事に嵌まったわけだ。

何週間にもわたって親から説教をされたM君は、「家のために」見合い相手との結婚を承諾した。豪華な結婚式が催され、今、M君は両親のお墨付きが付いた「家の嫁」と暮らしている。彼の本当の気持ちはわからないが、その姿は、そこそこ幸せそうではある。

イマドキのインド女子の婚活　決め手は両親の人脈と献身

M君の一件は、インド人の結婚観が二〇二〇年代の今もかなり保守的であり、たとえヒンドゥー教徒同士であっても、異なるヴァルナ間の結婚は大きな問題になり得ることを、改めて強く印象づけるものだった。

異なるヴァルナ間の結婚については、ヒンドゥー教の前身であるバラモン教の法を説いた『マヌ法典』に書かれており、それが二千年以上経った現在もインド人に強い影響を与えている状況だ。上位ヴァルナの女性と下位ヴァルナの男性の結婚は「プラティローマ」（逆毛婚）と呼ばれ、忌避すべきであると同書には書かれている。

数年にわたって真剣に付き合った女性よりも、両親が選んだ見知らぬ女性を選んだM君は、みずからの想いを封印することによって「家」を、ひいては彼が所属する「地域社会」を継続させることを選んだのか。

実際、もしも一人っ子の彼が両親と決裂して家から出てしまえば、一家は早晩崩壊していただろうし、そのことはやがて、彼が暮らす地域社会にも影響を与えたかも知れない。

もう一つ、忘れてならないことがある。M君には学生時代から親しくしている五人の男友だちがいるが、彼らは一人残らず親が決めた人と結婚しているのだ。これだけ見合い婚があたりまえの環境の中では、さまざまなピア・プレシャー（同調圧力）が働くだろうし、M君が自分一人だけ恋愛結婚の道を選ぶことは、ほとんど不可能だったのではないか。

複数のデータが示すところによれば、インド人の結婚の九十％強は、今なお見合い婚だ。また、インド人の約八十％を占めるヒンドゥー教徒の結婚に関していえば、二〇一一年現在、異なるヴァルナ間の結婚は全体のわずか五％台に過ぎなかった。

異なるヴァルナ間での結婚や、異なる宗教間の結婚などを「堪え難い一族の恥」と見なす人々もおり、最悪の場合には、家族のメンバーが（一族の名誉回復のために）結婚した当事者を殺してしまうこともある。これを「名誉殺人」という。

インド内務省国家犯罪記録局（ＮＣＲＢ）によれば、二〇一五年だけでも、インド全土で二百五十一人の命が名誉殺人によって奪われたそうだ。しかもこれは公になった数字であって、実際の数字はもっと大きいと考える人が少なくない。恐ろしいことだが、これもまたインドの現実なのだ。

次にご紹介したいのは、イマドキのインド女子、Ｄさんの事例である。

Ｄさんは明るい女の子で、両親から溺愛されて育った。一生懸命に勉強して、インドのいわゆる有名大学の理系学部を卒業後、海外の大学で博士号を取得。その直後の二〇二三年にインドの実家に戻って就職した。

この段階で、すでに三十路間近。この先、Dさんが素敵な男性を見つけて恋に落ち、十分なお付き合いの期間を経て、婚約し、結婚、さらに妊娠と出産を実現するためには、相当な努力と幸運が必要となることは目に見えていた。(かなり難しい勝負になりそうだ)と内心思った友人も少なくなかったようだ。

ところが、現実は全く違った。二〇二四年のある日、インドで就職して間もない彼女から何の前触れもなく私のもとに届いたのは、なんと結婚式の招待状!「恋」をして「お付き合い」をして「婚約」するプロセスを全部すっ飛ばし、いきなり「結婚」まで一気に飛んだのである。まさに電光石火の早業だった。

種明かしはかんたんだ。研究と博士論文執筆で、Dさんがろくに眠る暇もないほど忙しい毎日を送っていた頃、インドでは彼女の両親、特に母親が、愛する娘を幸せにしてくれる花婿を探し、みずからの人脈をフルに使って奔走していたのである。

「両親は私のために最高の男性を探してくれるはず。そう信じたからこそ、私は研究に没頭できました」

そう言って屈託なく微笑むDさんの顔を見つめながら、私は心の中で、(なるほど、そういう逆転の発想があったたか)と感心していた。悪い面ばかりがクローズアップされがちなインドの（カースト制度に基づく）見合い結婚だが、Dさんはこんな風にちゃっかりと、しかも肯定的に、このシステムを利用していた。お見事である。

ちなみに、Dさんから届いた招待状は、従来の紙に印刷された「動かない」カードではなく、いかにもインド人が好みそうな「動いて、音も出る」派手な電子カード。インド人がよく使うワッツアップで届いた。

赤と金を基調としたキラキラの表紙には「何かをする前に最初に拝まなくてはいけない神様」として知られるガネーシャ神（象の頭の神様）のイラストが描かれ、BGMにはガネーシャ神を讃える荘厳で明るい歌が流れていた。

表紙の次のページには、ヒンディー語と英語の併記で「謹んでご招待申しあげます」のメッセージ。そのあとには、新郎の名前と写真。次いで、新婦の名前と写真。

そして招待状の本文には、新郎新婦それぞれの両親の名前のみならず、祖父母（すべて故人）の名前までがズラッと明記されていた。さすが、「家」を大事にするインドだけのことはある。主催者の名は、花婿の両親になっていた。

会場は全世界チェーンの大きなホテル。そこなら数百人のゲストがやって来ても十分な食事を出すことができる。結婚式の日程は二日間にわたり、食事だけでも三回。インドの結婚式としては特に豪華というわけではないが、親たちにとっては一生に一度の大出費だ。

Dさんいわく、

「はじめのうち、占い師さんの話を聞くつもりはなかったんです。でも、『それが伝統なのだから』と両親から強く勧められ、結局、式の日取りや式場の場所などは、ヒンドゥー占星術師さんの意見を取り入れて決めました。何もかも新しい経験で、楽しかったですよ」

彼女の子どもが結婚する年齢に達した頃、彼女は、かつて彼女の母がしてくれたように、子どもの結婚相手を探して奔走するのかも知れない。それが良いことか悪いことかはわからないが、そこにインド人の途轍《とてつ》もない強さを感じるのは、私だけではないだろう。

誰か一人が病気になると家族全員（灯油バーナー持参）で入院

基本的に、インド人の家族はよく行動を共にする。

だからと言って、どのご家庭も必ず仲がよいというわけではなく、喧嘩ばかりしている家族も見かけるのだが……それでも彼らが「離れる」ことは少ない。なにしろ、二〇二〇年代の今なお、インド人の離婚率は約一％で、世界最低水準なのだ。ある意味、たいしたものである。

そんな、「いつでもどこでも家族が一緒」なイメージのインド人だが、「こんなところまで一緒？」と、さすがに驚いた場所がある。病院の入院病棟だ。

第四章 家族関係がとんでもなく濃厚なインド人

本書をここまで読んでくださった皆さんは、すでにお察しと思うが、格差社会のインドでは、ひとことで「病院」と言ってもピンキリである。

「ファイブスター・ホテル」をもじって「ファイブスター・ホスピタル」と呼ばれる設備の整った立派な病院から、貧しい人たちが無料で診療を受けられる政府経営の病院まで、インドでは、あらゆる価格帯とサービスの医療機関が玉石混交。人々は、その中から自分の身の丈に合った病院を選び出し、そこのお世話になるわけだ。

例えば日本企業の駐在員がインドで病院にかかるなら、ファイブスター・ホスピタルが中心になるだろう。一方、同じ日本人でも無銭旅行中の旅人が病気になれば、政府系の病院で、現地の人々のあいだに混じって無料で診療を受けるのかも知れない。

私が初めてインドの病院へ行ったのは、一九九〇年代前半。まだまだインド・ビギナーだった頃のことだ。行った先が無料の国立病院だったのは、意図したわけではなく、完全な勘違いによるものだった。

その時、私は幼い娘を連れてニューデリーのホテルに滞在中だった。夜になって娘が腹痛を起こした時、あわてた私はレセプションへ駆けて行き、思わずこう頼んでしまったのだ。

「大きな国立病院の小児科に連れて行きたいので、大至急タクシーを用意してください」

この時、私が「大きな国立病院」と口走ったのは、国立病院なら最高の医療を受けられるに違いないという日本的な先入観ゆえだった。当時はまだケータイもSNSも、いやそれどころかネットさえない時代。情報が恐ろしく少なかった上に、インドのファイブスター・ホスピタルの走りであるアポロ・ホスピタルも、まだ開院していなかった。

タクシーを飛ばしてたどり着いた国立病院は、かなり古びた建物だった。六階か七階まであったが、エレベーターは付いておらず、どの階へ行くにも歩いて登らなければならなかった。それだけでもう、病院としてはかなり厳しい。「小児科」の看板が掛かっただだっ広い部屋の床の上では、よれよれのサリーを着た数十人の母親たちが痩《や》せ細った子どもたちを抱いて、もはや順番もへったくれもない様子でドクターがやって来るのを待っていたが、私が入室するや、疲れ果てた目を上げて一斉にこちらを睨みつけてきた。

部屋の反対側では、私より少し年上の女性のドクターが聴診器を持って孤軍奮闘していた。いかにも外国人旅行者風のなりをした私に気づいた彼女は、床の上にひしめく患者と母親たちを掻《か》き分けながら近づいてきて、順番を飛ばして一番に話を聞いてくれた。

ドクターは、「腹痛は単に疲労に起因するものと思われるが、念のために血液検査をしましょう」と言ってくれた。私は、「注射をするなら使い捨ての注射器を使ってください」と条件を出した。当時はもう使い捨て注射器の時代だったが、無料診療の国立病院にはそのような準備はないと言われてしまった。ベストを尽くしてくれた女性医師には申し訳なかったが、感染症のリスクを考えると再使用の注射器は危険すぎた。私は丁寧に礼を言って診療を断ると、母親たちの視線を痛いほど感じながら、逃げるようにその場から退散した。

入院病棟を見たのは、その直後のことである。七階建ての大きな病院の、どこをどう歩いたのか覚えていないが、気がつくと、そこは人が大勢いる病棟だった。廊下に水が出ており、チョロチョロと小川のように流れていた。一体何事かと不審に思いながら、水が流れてくる元のほうを見ると、なんと廊下の隅で鍋がぐつぐつと煮立っていたではないか。小川のように見えたのは、鍋から噴き出したお湯が流れてきたものだったのだ。よく見ると、鍋の下には登山の時に使うような旧式の灯油バーナー。まわりには、さまざまな調理用品が散乱している。しゃがみ込んで鍋の中をかき回すお母さんとお姉さん。その周囲にまとわりつく子どもたち。まるで病院の廊下でキャンプをする一家のようだ。

「あの人たち、一体何をしているんですか?」私は呆れながら、ホテルから病院まで道案内のためについて来てくれたレセプションのお兄さんに尋ねていた。すると返ってきたのは、「何してるって、夕食の準備に決まってるじゃありませんか」というシンプルな答え。私はキツネにつままれた思いで、「病院の廊下で料理? あの人たち誰なんですか?」と再び問いかけていた。お兄さんは、「あの人たちは、もちろん入院患者のご家族ですよ。ご主人が入院したから奥さんと子どもたちがついて来たんでしょう。廊下で寝泊まりしているんです」と言ったあと、「でも、なぜそんなあたりまえのことを聞くんですか? あなたのお国では、家族が入院しても一緒に入院しないのですか?」と不審げに私を見た。

あまりのカルチャー・ショックに、私はしばらく返す言葉が見つからなかった。

その後も私はインドを取材旅行中に、同じような光景を何度も目撃している。家族の誰かが入院すると一家全員で入院するという行為が、どの程度「普通」のことなのかはわからない。少なくともファイブスター・ホスピタルでは見たことがなく、主に田舎の病院や貧しい人々の行く病院で見かけた。二〇一〇年代にも見かけたが、コロナ以降は病院に近づくこと自体がなくなり、インドの田舎の病院事情がどうなっているか、私は把握していない。

衛生面や安全面から考えて、やがて消えてしまう風物詩だろうが、個人的には、灯油バーナーを使って廊下で煮炊きをするあの懐かしい光景を、もう一度見てみたい気もする。

「三高」なんて甘い！ マッチング・アプリ越しに見るインド人の結婚

先日、気心の知れたインド女子三人とおしゃべりをする機会があった。

その中の一人、Pさん（二十代後半）が、何年か付き合ったカレシと別れたばかりだったこともあって、自然、その日の会話は「いい男はどこにいるか」という、国籍や民族を超えた、全女性にとっての永遠のテーマに突入していった。

彼女たちが、「日本の女子は、結婚相手に何を求めるのですか」という直球ど真ん中な質問を投げかけてきたので、私はまず、自分の祖母の時代までは見合い結婚が圧倒的主流だったが、母親の時代になって恋愛結婚が増えはじめ、自分の時代には恋愛結婚が主流になったという時代の流れを説明した上で、バブル全盛期（一九八〇年代）に「三高」というものが持て囃《はや》されたこと、しかし今はそれも廃れ、女性が男性に求めるものはむしろ優しさとか安定といった内面的なものにシフトし、さらに多様化しているらしいことなどを述べた。

するとインド女子たちが目を輝かしながら、「何ですか、その三高というものは？」と一斉に喰いついて来たのである。

私は、「三高」が「高学歴」「高収入」「高身長」を指す言葉であることを説明した。そのうちの「高身長」に関しては、百七十五センチ以上を指す場合が多かったようだが、定説があるわけではなく、かなり抽象的なものだったということも付け加えた。

インド女子たちは、最初は身を乗り出して聞いていたが、聞き終えると、「えっ、それだけ？」と、あからさまに肩透かしを食らったような声を出した。

「三つとも、結婚相手に求める条件としては、あたりまえ過ぎません？」

カレシと別れて間もないＰさんがそう言うと、他の二人もすぐに同意した。

「あたりまえと言うか、基本中の基本と言うか」

「インド人の結婚の条件とは比べ物にならないほど易しいですね。その三条件をクリアできる人なら、世の中にごまんといるのでは？」

バッサリ斬られてしまった。

Ｐさんが、「これを見てください」と言いながらスマホを開いて寄こした。見ると、インドに特化したマッチング・アプリのようである。私は興味津々ですみずみまで見回した。

まず、画面のトップに横一列に並んでいたのは、「宗教」「カースト」「居住地」「ＮＲＩ（非居住インド人）」「マングリック」「離婚」「死別」「身体障害」などのキーワードが記されたアイコン。

それぞれのアイコンをクリックすると、さらに詳細な区分に分かれており、例えば「宗教」の中は、「ヒンドゥー教」「イスラム教」「キリスト教」「シーク教」「ジャイナ教」「仏教」「ユダヤ教」「スピリチュアル」の八項目に分かれていた。

「マングリック」は、ヒンドゥー占星術で「火星の欠点」を持って生まれた者のこと。マングリックがマングリックでない者と結婚すると、後者を早死にさせるという迷信がある。かつて日本で信じられた丙午《ひのえうま》に近いイメージかも知れない。アプリの中に、それに該当する人たち向きの特別な区分がわざわざ設けられているのには驚いた。

次に、画面の右端には「カースト」と書かれていて、インド人が生まれつき所属するコミュニティのうち、代表的なものの名前が数百個、ずらりと並んでいた。これらのコミュニティは「ジャーティ」と呼ばれるもので、同じ職業や地縁・血縁、文化などによって生まれつき固く結ばれた独特な集団だ。インドには四つのヴァルナの中に合計三千前後のジャーティが在ると言われ、結婚相手には同じジャーティの出身者を望む人々が多いという。このマッチング・アプリは、そうしたニーズにも応える設計になっていた。

結婚相手を探してここを訪れた人は、相手に求める条件――宗教やジャーティなど――に沿って、自分に合った異性を探すことができるのだ。

サイト内には、結婚相手を募集中の人々の自己ＰＲが、星の数ほど並んでいた。

第四章

家族関係がとんでもなく濃厚なインド人

「当方は、バラモン階級の女子、MBA、大学教授、身長百六十八センチ、未婚、美人、オーストラリア在住。相手に求める条件は、専門職に就く五十〜六十歳の男性、高身長、ハンサム、独身、持ち家あり、自動車所有。外国生活を希望。メールアドレスxxxx」

という、いかにも自信に満ちあふれた自己PRから、

「当方、マングリックの女子、二十四歳、修士、身長百七十センチ、チャンディーガル在住、SC（ヒンドゥー教の社会におけるかつての非差別階級）。相手のカーストは問いません。ケータイxxxxx、メールアドレスxxxxx」

という、かなり控えめな自己紹介まで、さまざまな立ち位置の男女が真剣に結婚相手を探す様子が、三行ほどの文章の中に透けて見えた。

「でも、ここに書いてあること以外にも、まだまだあるんです。家族みんなで日常的にしゃべる言葉は何語かとか、食事はベジタリアンか非ベジタリアンか、みたいなことも、とても重要ですよね。宗教、コミュニティ、居住地といったことに加えて、クリアしなけれ

ばならないことが途轍もなく多いんです。持参金の問題もあります。あと、インドでは結婚後に新郎の両親と同居する場合が多いので、彼らとうまくやっていけるかどうかも大きなポイントですね。それから……」

Pさんの話は延々と、果てしなく続いた。

もしも伝統にこだわれば、クリアすべき課題があまりにも多いインドの結婚だが、そのへんの考えが自由な人々も、もちろんいる。最近聞いたところでは、Pさんは新たにステキな人と出会い、つき合い始めたそうだ。同じヒンドゥー教徒同士だが、所属するジャーティは異なる相手らしい。彼らの展開を、しばらくは遠くでそっと見守ろうと思う。

日本人女性が「花婿募集」の新聞広告を載せてみたら……

これからお話しするのは、世の中にマッチング・アプリというものが登場する直前の出来事である。当時ニューデリーに住んでいた私のもとに、ある日、Eさんという年下の日本人の友だちから人生相談の電話がかかってきた。

「私も三十代後半。そろそろ結婚したいんですけど、なかなかご縁がなくて……。どこかにいい人、いませんかねえ」

聞けば、彼女は日本での婚活に全戦全敗。「私なんか永遠に結婚できないのかも」と、すっかり自信を失いかけている様子だった。

実は、その前日、私はたまたまインド人の友人Cさんと、「新聞媒体を使ったお見合い広告」に関する話題で盛り上がったばかりだった。Cさんはインドの某有名英字新聞の編集長。インド在住中は、家族ぐるみで仲よくしていただいていた。

この時にCさんと私のあいだで交わされたのは、次のような会話だった。

「新聞の花嫁・花婿募集広告ってあるじゃないですか。もしもインドの新聞のああいう欄に日本人が自己紹介を載せたら、どんなリアクションがあるでしょうね」

「前例がないけど、そこそこ話題になるんじゃないかな。日本と言えば尊敬できる歴史と文化のある国だし、みんなが大好きなスズキマルチの国でもある。日本人の奥さんを持ちたいと思うインドの男は、一定数いるはずだよ」

そんな冗談めいた話をした翌日にかかってきたEさんからの電話である。単なる偶然かも知れないが、ご縁のようなものを感じなかったと言えば嘘になる。そのことをEさんに告げたところ、驚いたことにEさんは自分も見合い広告を出してみたいと言い出した。

「インドへは一度も行ったことがないけれど、お見合い広告を出してみたいです。これも何かのご縁かも知れないし。この際だから、インドへも行ってみたい！」

あまりにも意外な展開だったが、こうしてEさんの一週間インド訪問と、「花婿探し」の新聞広告掲載が急遽《きゅうきょ》決まった。

ニューデリーに到着したEさんを、翌朝、Cさんの自宅へ連れて行った。オフィスではなく自宅に向かった理由は、Cさんの妻がEさんに会ってみたいと言い出したからである。「インド人とお見合いをするなら、この私が、橋渡し役を引き受けます」

普段のC夫人は無口で愛想のない人だったが、この時は、こちらから頼んでいないのに、自分から進んで仲介役を務めると言い出した。これまた予想外な展開だったが、とは言え、Eさんのお見合い大作戦にC夫人のような強力な援軍が現われてくれたのは、たいへん心強いことだった。

何しろこの時は、マッチング・アプリもネットもない時代。なるべく多くの人の目に触れる形で「花婿募集」の広告を打つためには、「結婚広告」（Matrimonial Advertisement）と銘打たれた新聞の専用ページを使うことが最善の策だったが、専用ページが掲載されるのは週に二回だけ。しかも、Eさんに興味を持った人が連絡してくる手段は、郵便屋さんが運んでくる手紙に限られた。つまり、花婿候補の男性から手紙が届く頃には、Eさんは日本に帰ってしまっている。

「こういうことは、長期戦で行かなくてはダメよ」

そう言ってC夫人は、一人ほくそ笑んだ。

「手紙の受け取り場所は、Cのオフィス住所にいたしましょう。電話番号は書かず、住所だけ公開するわ。電話がひっきりなしにかかってきたら迷惑だから。それに、応募者全員が真面目なインド人とは限らないわ。日本女性と恋愛することが目的の、邪《よこしま》な考えを持った男からの応募もあるかも知れませんからね。そういう応募は、私がたちどころに見破って、破棄してやるからご心配なく。そうと決まったら、広告の中身を決めましょう」

皆がひとことも口をはさめずに立ち尽くす中、C夫人一人だけが、テキパキと仕事を進めていた。その姿は、まさに水を得た魚。昔は日本にも、他人の結婚の仲介のために奔走してくれるオバサン、オジサンがどこの町にもいたものだが、まさにそのインド版である。いつもは夫の背中の後ろで静かにしているC夫人の真の姿を見た思いだった。

「できたわよ！」の声ではっと我に返った時には、C夫人主導で書き上げたEさんの自己紹介文が出来上がっていた。

「当方、独身の日本女性。結婚歴なし。美人。雪のような白い肌。身長百六十五センチ。スリム。父も母も地方の名士で……」で始まる短い広告だったが、その中でC夫人がことのほか表現にこだわったのは「雪のような白い肌」という件《くだり》だった。

「インドでは色白であることが美人の一番の条件ですからね。Eさんは、そこが一番の武器になるわ。新聞広告には顔写真が付かないから、きっと『写真を見せてください』というリクエストが殺到するわよ。さあ、あとは返事を待つばかりね。楽しみ、楽しみ……」

このあとすぐ、Eさんの花婿募集広告の原稿は新聞社の担当部署へと送られて行った。支払った広告掲載料は、日本円にして数千円だったと思う。


数日後にEさんは日本へ戻ったが、その直後から、「Eさんと見合いをしたい」という内容の手紙がCさんのオフィスのポストに殺到するようになった。

C夫人はその一通一通にていねいに目を通し、候補者を一人に絞ってくれた。「この人なら大丈夫だと思うわ。写真を交換して、気に入ったら一度会ってみたらどうかしら」と勧めてくれたが、結局、Eさんがその人に連絡をすることはなかった。Eさんは、ほんの一週間のインド滞在中に、この国の強烈なエネルギーにさらされたせいで、すっかり過去から吹っ切れたようだった。

もしもあの時、C夫人が選んだインドの青年とお見合いをしていたら、Eさんの人生はどう変わっていたのだろう。私としてはそちらの未来も、ちょっと見てみたかった気がする。

「わしが息子を育てているのは、わしの葬儀を出してもらうため」

ずいぶんと昔のことになるが、埃っぽいインドの田舎道で、反対方向から歩いて来る不思議な男たちの集団とすれ違ったことがある。

男たちは全部で七人いた。着ていたものは、白っぽいクルタ・パジャマ（丈の長いスタンドカラーの長袖シャツとパンツ）。どこにでもいるようなインド人の一団だったが、一つ奇妙なことがあった。それは、彼らが一枚の細長い板のようなものを、地面と平行にして肩に担いでいたことだ。

板（あとでよく見ると、それは一種の梯子《はしご》のような形状だったが）の上は白布で覆われ、花が山のように盛られていた。線香が焚《た》かれ、強烈なにおいが立ち込めていた。一体、何のイベントだろう。見当もつかなかったが、全体に明るい雰囲気が漂っていたので、すれ違う時、私はあいさつ代わりに、「今日は何かのお祭りですか」と声をかけていた。するとどうだろう。男の一人が自分の肩の上を指さしながら、「いや、これから親父の葬式でね。火葬場へ行くところです」と言うではないか。

一瞬わけがわからず、近づいて背伸びをしながら男が指さした板の上を覗き込んだところで、ようやくギョッとした。そこには、無数の花に抱かれるようにして、老人のご遺体が寝かされていたのである。男たちの父親の葬列を、こともあろうに私は祭りの行列と勘違いしてしまったのだ。ひたすら非礼を詫びたところ、男たちは全く気にしない様子で「ノープロブレム」と言いながら、川のほうへ歩み去って行った。

あとから知ったことだが、葬式の時に火葬場まで遺体を担いで行くのは、男の親族、つまり息子や兄弟や甥や従兄弟の役割なのだそうだ。遺体を担ぐ人数は奇数でなくてはならず、女性が遺体を担ぐことはないとも教わった。

ひとことで「葬儀」と言っても、インドの場合、遺体の処理方法だけでもさまざまなバリエーションがある。人口の七十九・八％を占めるヒンドゥー教の場合は火葬だ。墓は建てず、遺灰はガンジス川など聖なる水に流される。シーク教（一・七％）、仏教（〇・七％）、ジャイナ教（〇・四％）も火葬。

イスラム教（十四・二％）、キリスト教（二・三％）、ユダヤ教（少数）は伝統的に土葬。ゾロアスター教（拝火教、少数）と、ヒマラヤの一部の仏教徒（少数）は鳥葬。

なお、宗教別の人口比率は、二〇一一年インド国勢調査結果による。

このほかに、ヒマラヤの一部地域でチベット仏教徒たちが行なっている「魚葬」という珍しい葬儀の仕方もある。この地域では、人が亡くなると遺体を百八のパーツに切り分け、一定の作法にのっとって次々に川へ投げ入れるのだ。川には魚が待ち構えていて、百八のパーツをすべて食べてしまう。「だから土地の人々にとって、この川の魚を食べることは絶対のタブーなのです。もしも食べたら、自分のご先祖様を食べるのと同じことになってしまいますからね」とお坊さんが教えてくれたが、これは私が今日までに見聞きしたすべての葬儀の中で、間違いなくいちばん衝撃的なものだった。

インドの葬式には、しばしば父と息子が登場する。

デリーからヒマラヤのアッサム州に向かう長距離列車の中で、わけありの四人兄弟と席が隣り合わせてしまった時は悲惨だった。兄弟は、まるで民族の大移動のように大量の荷物を列車に運び込んでいたが、その中でも極めつけは、幅六十センチ、高さ四十センチ、長さ二メートルほどの巨大な木箱（蓋つき）。四兄弟の座席の下には収まりきらず、箱は私の席のほうまで突き出していた。身動きすらままならなくなった私は、ついに四兄弟に向かって強く抗議した。

私「この箱、いいかげん邪魔ですよ。壁に立てかけてロープで固定したらどうです」

兄弟「いやあ、すみません。でも、縦にしたら、きっと父が怒ると思うんですよねえ」

私「お父さんが怒る？　箱の中には、一体何が入っているんです」

兄弟「箱の中身は、もちろん、亡くなった父ですよ」

またしてもコントのようだが、本当の話である。遺体の入った箱と隣り合わせで、片道三十時間の旅。ひっきりなしに大きく揺れるヒマラヤの線路で、カーブに差し掛かるたびに（蓋が開いてしまうのでは？）と気が気ではなく、あんなに疲れる旅は、あとにも先にも、あの時だけだった。

細かいことを言えば「四」は偶数であり、「なぜ三人か五人で来なかった？」とツッコミを入れたくもなるが、おそらく彼らはヒンドゥー教徒ではなくヒマラヤの仏教徒で、「遺体を運ぶ時は奇数人」という決まりの適用外だったのかも知れない。それにしても、デリーで亡くなった父親を四人がかりで郷里のアッサムまで運んだ息子たちは、列車の乗客にとっては大迷惑だが、父親から見たら、さぞや親孝行な子どもたちに違いない。

それで思い出すのは、少し前にヒンドゥー教徒の老人から聞かされた次の言葉だ。

「わしには、息子が一人おります。息子を育てるために、わしは頑張って働きました。そのお蔭で、息子は大学を卒業し、就職して、結婚しました。もちろん見合い結婚です。わしと家内で選んだ嫁と、息子は喜んで結婚しましたよ。息子夫妻には男の子がおり、元気に育っております。息子はごく普通の男ですが、わしはそれでよいと思っています。なぜだと思いますか。それは、わしが息子にして欲しいことは唯一つ、わしの葬儀を立派に出してほしい。ただそれだけだからです。立派な葬儀を出してもらうためだけに、わしは息子を育てたのです。わしを我儘《わがまま》な老人だと思いますか？　いや、貴女にどう思われても結構。息子には、何が何でも、わしの葬式を立派に出してもらわねばなりません。先祖の供養と、親の葬式を出すことは、男子の人生にとって最も重要な仕事なのですからな」

この老人の赤裸々な「問題発言」こそは、多くのインド人の本音なのかも知れない。

ああ、それにしてもインド人の親子関係って、なんて濃いんだろう！

第五章

殺生を嫌うインド人の動物愛護

インドは野良犬の無法地帯
毎年二万人以上が狂犬病で死亡

初めてインドを訪ねた時から今日に至るまで、変わらないのは、この国の野良犬の多さである。インドの野良犬は、中型からやや大型の、痩せて、目の小さな、どこにでもいるような犬たちだ。暑さのためか、昼間は日の当たらない道端で大人しく寝ていることが多いが、夜になると群れで活動を始め、あちこちから胸騒ぎのするような遠吠えが聞こえてくる。

「インドでは毎年、大勢の人が犬に嚙まれて狂犬病で死んでいるの。だから、どんなに可愛いと思っても、ここの犬には絶対に触っちゃダメよ」

土地の人が、外国人の私を心配して注意してくれるが、言われるまでもなくインドの野良犬に触る気にはなれない。気の毒なことにほとんどの犬が皮膚病に罹患しているからだ。「野良犬を駆除してはどうか」という意見もあるだろう。しかしインド人の多くは殺生を嫌う。二〇〇一年に制定された動物バースコントロール規則により、インドでは野良犬の殺処分は違法だ。その代わりに不妊手術だけが行なわれることになった。

第五章

殺生を嫌うインド人の動物愛護

二〇〇七年にインド作家協会（サヒティア・アカデミー）の招待でインド全土を講演旅行した時、バンガロール（現在のベンガルール）でDさんというインド人女性と友だちになった。ユニークな人で、「チョコレートが好きだから」という理由で本格的なチョコレート工場を造り、経営していたことがあるという。「その頃のバンガロールは停電が多くてね、電力不足のために工場閉鎖に追い込まれてしまったのよ」と言っていたが、とにかく凄まじい行動力のある人で、年齢がほぼ一緒ということもあり、すぐに意気投合した。

色々話すうちに、お互いに犬を飼っていることがわかった。するとDさんは目を輝かせながら、「それなら今から貴女を特別なところへ連れて行ってあげるわ。旅行者はもちろん、この土地の人の大部分も、存在さえ知らないところよ」と、なぞなぞのようなことを言い出したではないか。「行くってどこへ？」と尋ねると、返ってきたのは「国立伝染病専門病院附属の狂犬病患者収容病棟よ」という、全く予期していなかった答え。そこはつまり、狂犬病にかかった「犬」ではなく、「人」を収容する施設らしい。「そんなところへ入ることが可能なの？」と畳み掛けると、Dさんは「もちろんよ。私は狂犬病撲滅活動にも深く関わっているんだから」と胸を張った。

狂犬病患者を収容する病棟を見る機会なんて、滅多にあるものではない。そもそも日本では、人は一九五六年、動物は一九五七年の猫の事例を最後に、狂犬病は一件も発生していないのだ（海外で動物に噛まれ、日本へ帰国後に発症した「輸入狂犬病」を除く）。ちなみに、世界の至るところでは今も狂犬病が発生し続けており、発生件数が「ゼロ」なのは、日本と英国、スカンジナビア半島のいくつかの国々に限られる。対するインドは、世界最大の狂犬病発生国。後学のためにも、インドの現状を見学しておきたいと思った。狂犬病のウィルスは空気感染しないので、患者に噛まれさえしなければ感染の心配はない。私は一も二もなく、Dさんに付いて行くことにした。

昔のことだし、バンガロールの土地勘がないので、それがどこだったのかハッキリとは覚えていないのだが、市内からはだいぶ離れた場所だったと思う。周囲を森に囲まれていたかも知れない。丘の上にぽつんと立つ寂れた建物に着き、車を降りた。がらんとして人影はなく、寒くもないのに、なぜか急激に鳥肌が立ったことを覚えている。

Dさんは、目の前の建物ではなく、そこからさらに離れたところに設営された小屋のようなものを指さしながら、「あれが病棟よ」と言い、そちらへ向かって歩き出していた。

私はDさんのあとを追いかけた。次第に近づいてくる病棟。いや、果たしてあれを「病棟」と呼んでよいのかどうか。敷地の隅っこのほうに、風に吹きさらされて立っていたのは、動物園にあるような「檻《おり》」だった。確か、ガラスではなく、金属の網で周囲を囲まれていたと思う。周囲からは中が見渡せた。床の部分がコンクリートだったか土間だったかは覚えていないが、ともあれ、そういう「檻」が二つ（あるいは三つだったかも知れない）、ぽつんぽつんと離れて立っていた。

前を歩いていたDさんの、「あら、今日は入院患者がいないみたいね」という声にハッとして駆け寄ると、「檻」はもぬけの殻だった。私は正直なところ、ホッとしていた。この、人間の死に場所としては考えられる限り最も孤独で、最も痛々しく、最も非人間的な「檻」の中で、興奮し、錯乱し、水を恐れながら死んでゆく患者（狂犬病は一旦発症してしまうとほぼ確実に死ぬという）を見ずに済んだからだ。

Dさんは、そんな光景を見慣れているのだろう。「前回来た時は、どちらの病棟にも患者が収容されていたけど、今日は空室ね」と事もなげに語っていたが、この時に見た風景は、患者は不在だったにもかかわらず、いつまでも私の心に残って離れなかった。

二〇二四年に、バンガロール在住のインド人に「狂犬病患者の隔離施設って知ってる？」と聞いたところ、「聞いたこともないなあ」という答えが返ってきた。当時も存在すら知られていなかったようだから、今も一般的には知られていないか、あるいは場所が移転したのかも知れない。いずれにしても、「檻」のような収容施設は疾《と》うの昔に取り壊され、近代的な病棟に変わっていると信じたい。

世界保健機関（ＷＨＯ）によれば、二〇二一年現在、インドの狂犬病による年間死亡者数は二万人超で、世界の狂犬病死亡者の三十六％に相当するという。また、インドにおける狂犬病の感染原因の九十九％は犬だという。

これを読んでくださっている皆さん。インド滞在中に動物に噛まれたら――それが犬であれ、猿であれ、何であれ――すぐに傷口を清潔な流水でよく洗い、ただちに病院へ行ってワクチンを接種してもらってほしい。狂犬病は、一旦発病したらほぼ確実に死に至る恐ろしい病気だが、すぐに処置をすれば命が助かる。

そして、いくら犬が好きでも、インドでは素性の知れない犬たちには近づかないほうがよい。ワクチン接種済みの日本の犬とインドの犬は違う。このことを肝に銘じてほしいのだ。

≈ 第五章 ≈

殺生を嫌うインド人の動物愛護

犬だらけのインドで、猫をほとんど見かけない理由

二〇二三年四月、インド北東部の取材のため、ナガランド州のコノマという村を訪ねた。この辺りには、英国領だった一八九〇年にキリスト教が導入され、以来、キリスト教が圧倒的主流だという。二〇一一年のインド国勢調査によれば、同州の人口の八十八%はキリスト教徒。ヒンドゥー教徒は九%にも満たない。

コノマ村にはかつて、トラゴパン（雉《きじ》に似た色鮮やかな鳥）が狩猟競争の名のもとに乱獲された時代があった。しかし一九九八年、一週間で三百羽が殺された事態を重く見た村議会は、二十平方キロメートルの狩猟禁止区画（コノマ自然保護トラゴパン・サンクチュアリ）を設置。以来、積極的に自然保護を推し進めてきた。

こうした村の歴史からも想像がつくように、ここを訪れる観光客には、環境に対する意識の高い旅行者、特に西洋人の姿が目立つ。村に入るためには入村料が必要で、それは環境維持のために役立てられているようだった。また、村に滞在中は勝手に動き回ることはできず、公認ガイドと共に行動する決まりで、入村料とは別にガイド料が必要となる。

コノマは絵に描いたような桃源郷だ。自動車のクラクションを鳴らす人もなく、ゴミ一

つ落ちておらず、インドにいることが信じられない平安の時を楽しませてもらった。

滞在中、一軒のカフェに入った。窓枠に座ってのんびり寛いでいたのは、一匹の猫。

（猫とは、珍しい……）

そう思い、すぐにｉＰｈｏｎｅのカメラを向けた。私は猫を飼ったことがないので詳しいことはわからないが、その子は「茶トラ」で、色つやが良く、店で大事に飼われているようだった。写真を撮りながら、この時、奇妙なことに気づいた。

「もしかしたら、インドで猫を間近に見たのはこれが初めてかも……？」

そう独り言を言ってから、いや、さすがにそれはないだろう、と自分に言い聞かせた。私が初めてインドに来てから、その時点でかれこれ三十三年。インドで過ごした長い年月の中で、唯の一度も猫を間近に見たことがないというのは、さすがにおかしい。

しかし、いくら考えても、インドで猫と戯れた記憶がなかった。

そのことが妙に気にかかり、その日からは行く先々で目を皿のようにして猫を探したが、やはり一匹も見つからなかった。野良犬がこれほどのさばっているというのに、インドの猫たちはどこに隠れてしまったのか。

会う人ごとに、「つかぬことを伺いますが」と断った上で、インドに猫が少ないのはなぜかと尋ねてみた。すると面白いことに、ほとんどの人が一様に、「猫は不吉な動物だから飼う人が少ないのです」と答えたのだ。なかには、「黒猫が目の前で道を横切ったら、悪いことが起こる前兆」という前時代的な迷信を、真顔で語る人もいた。

「そんな時はどうすればいいか、わかりますか？　誰か別の人を先に行かせるんです。そうすれば、先に行った人に災いが起き、自分は助かりますから」というトンデモナイ話を、インドのあちらこちらで聞かされた。インド人はこんなに迷信深かったのかと、改めて驚かされた。黒猫が不吉だと思うなら、黒以外の毛色の猫を飼えばよいではないか。


すでに書いたように、ヒンドゥー教には俗に三億三千万の神々がいると言われる。その中に、猫と関係がある神様はいないかというと、実は一人いる。「シャシュティ」という名の女神様だ。

シャシュティは、多産と豊穣の女神であり、妊婦を安産に導き、男児を授け、不妊者を妊娠させ、子どもを（突然死や事故死などから）守るとされる。いわば母親の最強の味方という立ち位置だが、そんな彼女のヴァーハナ（神の乗り物）が、まさに黒猫なのだ。

この黒猫をめぐっては、次のような物語がある。あるところに老夫婦がいた。彼らは、息子たちと、その嫁たちと一緒に暮らしていたが、末嫁は嘘つきで、プージャ（神への礼拝）のたびにお供え物の果物を盗み、その罪を黒猫になすりつけていた。やがて末嫁は待望の男児を産んだが、その子は黒猫に連れ去られてしまった。嘆き悲しむ末嫁。翌年も彼女は子を産んだが、これもまた黒猫に連れ去られた。翌年も、その翌年も、赤ん坊は連れ去られ、七年連続で子を失った末嫁が、ついに絶望してみずからの命を断とうとした時、シャシュティ神が現われた。女神は、これまでのことは末嫁が嘘をついたことへの罰だったと告げ、すべての子を返してよこしたという。

シャシュティは多産と豊穣を司る重要な女神でありながら、インドでの知名度は低い。このことは、彼女のヴァーハナが黒猫であることと関係しているかも知れない。証明はできないが、インド人の黒猫嫌いを見るにつけ、その可能性は大きいように思えてならない。

インドで猫を飼う人が少ない理由として、もう一つ思い当たることがある。

猫は完全な肉食動物だ。しかし、インドには肉食をタブーとする人が多い。その中でも特に厳格なベジタリアンとなると、肉を食べないだけでなく、肉を調理した鍋釜や、肉料理を盛りつけた食器類をも嫌う。

第五章

殺生を嫌うインド人の動物愛護

だが猫を飼うとなると、餌を与えるたびに肉を扱わなければならない。これは厳格なベジタリアンにとって、かなりハードルが高いのではあるまいか。

ピュー研究所の調査によると、二〇二一年現在、インド人の三十九％はベジタリアンだという。彼らは宗教上の理由から肉食を避けているはずだ。そういう人たちが、わざわざ掟《おきて》を破ってまで猫に肉を与えるだろうか。私には、とてもそうは思えない。おそらくこのあたりが、インド人が猫を飼わない潜在的な理由だろう。

動物保護団体「ヘルプ・アニマルズ・インディア」の創設者アイリーン・ワイントローブ氏は、同ＮＰＯの公式サイトの中で、インドには猫の治療や不妊手術ができる獣医が少ないこと、野良猫を救う組織がほとんどないこと、人々は猫を不吉な動物と見なしているため地域社会の支援を得ることが難しいことを挙げた上で、「インドの猫は究極の負け犬」とまで述べている。

私がコノマで出会った茶トラは、インドの猫の中でとびきり幸運な一匹だったのだ。

ニューデリー郊外のお屋敷の庭に突然トラが現われた！

今からお話しするのは、私がニューデリーで生活していた時の出来事である。当時はインドに暮らす外国人が今ほど多くなく、その分、外国人コミュニティの人間関係は密で、私も色々な国からやってきた女性たちと親しく友だちづき合いをしていた。過半数は、夫君の仕事についてやって来た短期（三年前後）滞在の人々だったが、みずから大使館や国連関係機関などでバリバリ働いている女性も少なくなかった。

ユーゴスラビア出身のYさんも、そんな女友だちの一人だった。

彼女から、いきなり眠気が吹き飛ぶようなニュースを伝えられたのは、一九九九年四月一日のことだ。日付まで細かく記憶しているのは、それが一九〇〇年代最後のエイプリルフールの日だったからである。

「朝、目が覚めて、いつものようにカーテンを開けたら、そこに何が見えたと思う？　信じられないことだけど、庭の真ん中に、トラが寝そべっていたの！」

彼女の話しぶりはなかなか真に迫っていたが、私はこれを端《はな》からジョークだと思い込んでしまった。こんな日に「トラが出た！」と言われて、一体誰が真に受けるだろう。

ところが、Yさんの話は本当だったのだ。

「冗談じゃないの。正真正銘、本物のトラよ。うちのサーバントたちが総出で生け捕りにしたわ。ええ、素手で。トラはまだ家にいるから、時間があったら、ちょっと見に来ない？」

私の頭の中には、複数のクエスチョンマークが目まぐるしく飛び交っていた。

トラはヒマラヤから来たのだろうか。ヒマラヤの麓《ふもと》からデリーまでは、直線でも約三百キロメートルはあるだろう。そんな長距離をトラが移動していたのに、なぜ途中で見つかって大騒ぎにならなかったのか？

第一、突然現われたトラを素手で生け捕りにしてしまうなんて、Yさんのところのサーバントたちは、一体何者？

実は、Yさんの家はニューデリーの中心部から約二十キロ離れた郊外にある、「ファームハウス」だった。インドで「ファームハウス」と言えば、大金持ちが暮らす郊外の豪邸のことで、部屋数は十から二十。サッカーの試合ができそうな広く美しい庭に囲まれ、多くの場合はプールとテニスコート付き。敷地の隅にはサーバントたちの家族が暮らす住宅も完備していて、敷地の周囲は堅牢な壁と武装した守衛たちによって厳重に守られていた。確かに広々とした環境ではあるが、さすがにトラが出たという話は前代未聞だ。その日からYさんの豪邸にはマスコミが押しかけ、押すな押すなの大騒ぎになった。

その後、動物学者による鑑定が行なわれた結果、予期せぬ闖入者《ちんにゅうしゃ》の正体はトラではなく、レオパード（豹《ひょう》）であることが判明した。子どものトラとレオパードは、素人目にはほとんど見分けがつかないのだそうだ。

その後、このレオパードはデリー動物園が身柄を預かることになり、事件はじきに人々の記憶から消えていったかに見えた。ただ、私の心にはどうにも釈然としない思いが残った。ヒマラヤからの約三百キロの距離を、彼（または彼女？　性別を聞き忘れた！）がどうやって人目に触れずに移動できたのかという疑問である。

この件について、例の花婿募集の新聞広告の件でお世話になったCさん（インドの有名英字新聞の編集長）に聞いたところ、瞬時に快刀乱麻のごとく謎を解いてくれた。

「ファームハウスに住む金持ちの中には、ライオンやトラやレオパードといったネコ科の大きな動物を、みずからの力を誇示するステータスとして飼う連中がいるんだよ。それは言うまでもなく、法律に違反した行為だけどね。今回Yさんの庭に逃げ込んだレオパードも、おそらくどこかの金持ちがペットとして違法に飼っていた個体で、それが何かの拍子に逃げ出したのだろう。飼い主はニュースで見て、レオパードがYさんの家にいることを知っているはずだが、今頃はどこかで息を潜めていると思う。違法にレオパードを飼っていたことがバレれば、最長で七年間、牢屋に入ることになるからね。状況から推理すると、Yさんのご近所の誰かが犯人なのかも知れないよ」

Cさんの謎解きを聞いて、なるほど、あのレオパードは違法ペットだったかと腑に落ちると同時に、一体どれほど多くの動物がそうした悪い連中の餌食になっているのかと、想像するだけで胸が痛んだ。

インドには一九七二年に制定された「野生生物保護法」があり、千八百種類以上の野生生物（動植物その他）が保護の対象になっている。レオパードもその中に含まれる。

しかし実際には数多くの野生生物が「希少種である」、「観賞用の部位を持っている」、「薬効がある」などの理由から、今なお違法に取引されており、その数は減るどころか急速に増えているというではないか。

野生動物保護トラスト（ＷＣＴ）の最近の調査報告によれば、ムンバイのクロフォード・マーケット、ベンガルールのラッセル・マーケット、パトナのミール・シカール・トリ、それにハイデラバードのムルギ・チョークをはじめ、インド全国の約二十五か所に違法な動物マーケットがあり、本来は売買が禁じられているはずの亀やインコなどが商品として白昼堂々と扱われているそうだ。インド滞在中に、違法と知らずに買って罪に問われないよう、十分に気をつけたいところである。

なお、Yさん宅で当時働いていたサーバントたちの中には、ヒマラヤ出身者が多く、彼らの何人かは野生動物の扱いにも慣れていたらしい。そのため、レオパードが突然目の前に現われた時にも慌てず騒がず、素手で捕獲することができたということのようだ。

この点を、念のために付け足しておく。

捕まえたコブラは野生生物保護区にまさかのキャッチ＆リリース

犬、猫、レオパードと四本足の哺乳類の話が続いたので、このへんで趣向を変えてコブラの話をしよう。

≈ 第五章 ≈

殺生を嫌うインド人の動物愛護

インドには三百から三百五十種類のヘビがいる。このうちの「インドコブラ」、「アマガサヘビ」、「ラッセルクサリヘビ」、「サメハダクサリヘビ」が、いわゆる四大毒蛇で、インドでヘビに噛まれる人の実に九十％までが、これら四種類のいずれかの被害者だという。

興味深いのは、一般のインド人と話していると、毒蛇はすべて「コブラ」のひとことで片づけてしまう人が多いこと。それだけコブラの知名度が高く、あのエラの張った強烈な顔のインパクトが強いからだろう。

複数のレポートによれば、インドでは毎年五万人から六万人の人々がヘビに噛まれて亡くなっている。これは狂犬病による年間死亡者（二万人強）の三倍近い、凄まじい数字だ。また、世界の中で見てもインドのヘビ被害は突出しており、二〇一九年に全世界でヘビに噛まれて死亡した人のうちの、実に七十五％以上がインドまたはパキスタンの住民だったという（「Nature」電子版二〇二三年九月二十一日版）。

ただし、これほど多くの人がヘビの犠牲になっているにもかかわらず、そのことがインドで話題になることはほとんどない。

不思議に思って調べたところ、ヘビに噛まれて亡くなる人の多くが田舎の貧しい農夫

(農婦)であることがわかった。確かに、大都会でヘビを見かけることは少ない。ヘビに噛まれて病むことは“Poor man's disease（貧乏人の病気）”などと呼ばれ、農夫の専売特許のように思っている人が少なくない。マイノリティの死だから話題にのぼることもない。ここにもまた、インドの格差問題が浮き彫りにされているようだった。

いずれにしても、インドは世界でも稀にみる蛇咬傷《へびこうしょう》の被害国なのだ。一体どうしたらそういうことが起きるのか。

実は、コブラを始めとするインドのヘビたちの中には、一九七二年制定の「野生生物保護法」によって保護されているものが多数いる。インドでは、保護対象のヘビを獲ることも、保有することも、蛇使いが演《だ》し物《もの》などに使うことも違法で、すべて処罰の対象となる。それどころか、保護種のヘビを捕獲したら、彼らが安全に生きてゆける然るべき場所に「リリース」しなくてはいけない。つまり、たとえ人を殺傷する能力がある危険なヘビでも、それが保護対象種なら退治することは許されないのだ。

この法律は半世紀以上前から存在していたが、最初のうちは規制がゆるく、蛇使いはインド中どこにでもいたし、それを咎《とが》める人もいなかった。規制が厳しくなったのは、せいぜい過去十年ほどのことだ。

にわかに厳しくなった規制に戸惑う人も多いようで、インドのインターネットユーザーたちが一つの疑問について話し合うサイトへ行ってみると、「ヘビと野生生物保護法」に関連した疑問を山ほど見かける。

「部屋に入ってきたヘビを誤って殺してしまった場合、私は逮捕されるでしょうか？」という疑問に対して、別のユーザーが「一九七二年制定の『野生生物保護法』によって保護されているヘビを殺した場合、おそらく逮捕されます。ただし、正当防衛、あるいは他人の命を救うためにやむを得ずヘビを殺してしまった場合は、捜査官や裁判所が状況を調査した上で適切な判断を下すことになるでしょう」などと答えている。

しかし、インドに三百から三百五十種類もいるヘビのうち、どれが保護されたヘビで、どれがそうでないヘビなのか。目の前にいるヘビは、そのうちのどちらなのか。瞬時に判断できる素人は、そう多くはないだろう。多くの人はヘビを見ただけでパニックを起こしてしまい、種類を見極めるどころではなくなるのではないか。

だから、万が一自分の家やオフィスにヘビが入ってきてしまったら、迷わずプロに助けを求めることだ。自分でどうにかしようとして、間違って相手を傷つけたり嚙まれたりしたら、それこそ大ごとになる。そうならないためには、部屋の壁など目立つ場所に「ヘビを見かけた時の緊急電話番号」を貼り出しておくのもよい方法かもしれない。いや、マジで。

それでも心配な人は、すぐに到達できる距離の病院やクリニックに、血清が置いてあるかどうか調べたほうがよいかも知れない。

私の子どもたちが一九九〇年代に通っていた学校の医務室には、ヘビの血清が常備されていたようだ。それが実際に使われたことがあるとは聞いていないが、大勢の子どもを預かる学校として、実に頼もしく思えたことを覚えている。

さて、縁あって私は、二〇一五年からインド工科大学ハイデラバード校の客員准教授を務めている。年に一度、集中講義をするためにハイデラバードに赴くのだが、大学は郊外に位置しており、近くには野生の孔雀の群棲地もある。

孔雀は、見た目こそ優雅でデリケートな印象を与えるが、実際にはかなり逞しい生物だ。ニワトリのような濁声《だみごえ》でギャアギャア鳴き、高い木の枝で寝泊まりする。雑食で、小さなヘビは言うまでもなく、時にはコブラさえ捕食してしまう凄いやつらだ。

孔雀の生息地にある大学なのだから、孔雀の餌となるヘビ類も、おそらくこの近くには多数生息しているのだろう。

夕方になってキャンパスを散歩していると、職員から声がかかる。

「マミ先生、草むらには気をつけてくださいよ。時々コブラが出ますからね。あいつら、日中は酷暑を嫌って日陰に隠れているけど、夜が近づくと夕涼みに出て来るんです」

いやはや、なかなかワイルドな環境なのだ。

「ヘビ友の会」創設者　マラリア蚊に刺され死亡の悲報

タイムズ・オブ・インディア紙（二〇二一年一月十八日版）に、ハイデラバードのヘビに関する興味深い記事が出ていた。

それによれば、インドにおけるヘビの保護を目的に設立されたNPO「ヘビ友の会」（本部ハイデラバード）のもとには、毎日のように百本から二百本の電話がかかってくるという。その用件は、「家の中にヘビが入ってしまった！　助けて！」というものだ。

そうした要請に応え、ヘビ友の会はハイデラバード市内だけで、二〇二〇年の一年間に八千八百九十五匹ものヘビを救助した。そのうち約半数に当たる四千四百七匹がコブラだったそうだ。

繰り返すが、友の会が行なっているのはヘビの「救助」であって、「退治」ではない。人間の家の中（あるいはオフィスの中）に何かの拍子に入り込んでしまった気の毒なヘビたちは、友の会が派遣する専門家によって助け出され、ケガをしていれば市内のネルー動物園に保護され、治療をしてもらえる。元気なら、テランガーナ州森林局の協力のもと、そのまま人里離れた森林に送られて、二度と人間とは関わらずに済む場所で第二の人生ならぬ蛇生を生きることになる。まさに至れり尽くせりの待遇なのだ。

この記事は、なぜかひどく私の心の琴線に触れた。一年間にハイデラバードだけで九千匹近いヘビ（しかもその半数はコブラ）がキャッチ&リリースされているという事実にも驚いたが、インドを代表するヘビ保護団体の本部が私の地元ハイデラバードにあると知って二度驚いたのである。

やはり、予想どおり、このへんにはたくさんのヘビが生息しているらしい！

興味津々でヘビ友の会の公式サイトを訪ねてみると、次のことがわかった。

まず、会の発足は一九九五年。ヘビを保護するために、設立者のラージクマール・カヌリ氏と四~五人の仲間たちが、この「手足のない生き物のために立ち上がった」のだという。目的は、ヘビの救助と（適した場所への）移動、ヘビによる咬傷の軽減、（人々の）意識の向上、そしてヘビの研究と行動学への積極的な関与など、多岐にわたる。

最初は五人ほどで始めた小さな集まりだったが、サイトが作られた二〇一七年の時点で、会員数は百五十人超。しかも増加傾向にあるとのことだった。

私は設立者を直接インタビューしてみたいと思った。彼がどういう経緯でこれほどまでのヘビ好きになったのか。ヘビ友の会の活動を通じてどのような世界を目指しているのか。聞いてみたいことがいくつもあった。犬や猫の愛護活動なら世界中どこにでもあるし、容易に理解もできるが、ヘビのような嫌われ者に味方するなんて、いくら殺生を嫌うインドとはいえ、かなり珍しい存在ではなかろうか。

しかし、公式サイトを読み進めるうちに、彼がすでに「故人」であることがわかった。死因までは書かれていないようだったので、さらに検索を続けたところ、衝撃的な記事を見つけた。ラージクマール氏は、蚊に刺され、脳性マラリアで亡くなったというのだ。

何千、何万というコブラを救った男が、まさか一匹の蚊に負けてしまうとは！

あまりにも意外な結末だ。インタビューできなかったことも悔やまれる。もうこの世にいない人ではあるが、せっかくなので皆さんにも彼の波乱に満ちた生涯について聞いてほしい。

ラージクマール氏は、わずか七歳の時からヘビの救助を始めていたようだ。当時から、捕獲したヘビは動物園に引き渡していた。天賦の才があったらしく、ヘビを扱う手つきはまさに芸術そのものだったという。しかしそんな天才も、生涯を通じて二十九回にわたって毒蛇（コブラを含む）に嚙まれ、その結果、二本の手指を失っている。一度は非常に危ない状態に陥ったが、集中治療室に入れられ、抗毒血清を二十三回分も投与されたのちに辛くも生還を果たした。そんな目に遭っても、彼がヘビの救助活動をやめることはなかった。「ヘビは人類にとって有益な生物である」というのが彼の主張だったようだ。なぜなら、ヘビはネズミを食べる。そのネズミは田の水稲を食べて荒らしてしまう。つまり、ヘビが介在することによって水稲は守られ、農民と農業自体が守られるのだ。

ラージクマール氏の享年は不明だが、写真を見る限りかなり若かったと思われる。彼には約二百人の弟子がおり、彼の遺志を継いで今もヘビの救助に向かっているという

(Sudhakar Reddy Udumula 二〇一〇年十二月十七日ブログ)。

ラージクマール氏の主張にもあるように、ネズミは農作物を荒らす害獣である。ただしその退治方法に関しては、動物愛護の観点から大きな論争が起きている。激しい痛みを伴う残酷な退治方法は、ネズミを含むいかなる生物に対しても行なわれるべきではないからだ。

インドで最も一般的なネズミ退治の道具は、強力な粘着剤でネズミの身体を動かなくさせる「グルーパッド」と呼ばれる接着パッドだった。ネズミが一旦パッドに接着すると、身動きができない。自分の体を食いちぎって逃げようとするが、それでも逃げられず、激痛と飢えに苦しみながらゆっくりと死んでゆく。あまりにも残酷なこの道具について、インド動物福祉委員会は二〇一一年と二二年の二度にわたり禁止を勧告。その結果、現在は首都ニューデリーを含む複数の州で同製品の製造、販売、使用が固く禁じられている。

これとは別に二〇二三年にはウッタル・プラデシュ州で、ネズミの尻尾に石をくくり付けて排水溝に沈め溺死させたとされる男が、動物愛護活動家に告訴された。男は最長五年の禁固刑+罰金刑を問われる可能性があるという(NDTV二〇二三年四月十一日版)。

万が一インドで生き物を退治する際は、合法、かつ考えられる限り最高に優しい方法でなければいけないのだ。

コブラを愛し、蚊によって斃《たお》れたラージクマール氏のご冥福を謹んでお祈り申し上げる。

牛の死体を食べたハゲタカが大量中毒死
鳥葬文化も絶滅寸前

今から二十年前の二〇〇四年、インドにおける「死」や「葬送」にまつわる出来事をテーマに、『死との対話』という一冊の本を書いたことがある。

その中で、ゾロアスター教徒の間で古くから行なわれてきた「鳥葬」という珍しい葬儀について、私は次のようなことを綴《つづ》った。

——鳥葬とは、（人間の）死体の肉に太陽光を当てていち早く分解させ、ハゲタカなどの猛禽《もうきん》類についばませる葬儀の方法だ。

——ムンバイには五基の「沈黙の塔」（円形の葬儀用ドーム）があって、ムンバイのゾロアスター教徒の死体（年間約千体）は、基本的にすべてここで処理されてきた。
――この伝統的な鳥葬が、近頃になって絶滅の危機にさらされている。長年ゾロアスター教徒の死体をついばんでくれていたハゲタカなどの猛禽類が激減し、そのために、誰からも食べてもらえなくなった死体が「沈黙の塔」の中で腐敗して、近所に住むヒンドゥー教徒たちから腐臭への苦情が殺到しているのである。

ゾロアスター教と言っても、名前だけは聞いたことがあるが実態はまるでご存知ない人が多いと思うので、かんたんに説明させてほしい。

ゾロアスター教は、現存する世界最古の宗教の一つだ。ゾロアスターは教祖の名前だが、発祥の地であるペルシャ（現在のイラン）にちなんで「パールスィー」、または（火を崇拝することから）「拝火教」とも呼ばれる。

七世紀にイスラム教勢力が侵攻したことで、ペルシャにおけるゾロアスター教は衰退したが、一部の信者はインドに亡命し、現在に至ったとされる。

全世界に十一万～十二万人（諸説あり）の信者がおり、その八割以上はムンバイに永住している。小さなコミュニティながら、タタ財閥の経営者、指揮者のズービン・メータ、

Queenのフレディ・マーキュリーなど、世界に影響力を持った凄い人々を輩出している。

余談ながら、日本の自動車メーカーであるマツダの英字表記がMatsudaではなくMazdaなのは、ゾロアスター教の最高神で調和・知性・叡智を司るAhura Mazda（アフラ・マズダー）に由来するそうだ（同社デジタルマガジン二〇二二年冬号）。実に興味深い。


ゾロアスター教の話をすると面白すぎてキリがなくなってしまうので、このへんで話を鳥葬に戻そう。

インドにはさまざまな葬儀のやり方があるが、鳥葬を行なっているのは、私の知る限り、ゾロアスター教徒とヒマラヤの仏教徒ぐらいだ。「遺体を鳥に食べてもらう」というシンプルなこの方法は、火葬のように薪や電気を使う必要がないし、煙で大気を汚染する恐れもない。土葬や水葬のように大地や水を汚染することもない上、鳥のお腹をいっぱいにしてやることもできる。考えようによっては、究極のエコと言えなくもない。

しかし昨今はハゲタカなど猛禽類が激減し、鳥葬を行なうこと自体が難しくなったという。親しい女友だちでゾロアスター教徒のKさんによれば、絶滅危惧種のハゲタカに頼った従来の鳥葬は、もはや不可能に近いという。ムンバイ郊外に二十年前には五基あった「沈黙の塔」も、二〇二四年現在は一基を残すのみだ。

「ハゲタカがいなくなった結果、何が起こったと思う？　あくまでも伝統的な鳥葬にこだわる保守派と、普通の火葬でも構わないと考える改革派の間で、ゾロアスター教徒が二つに分断してしまったの。わが家の場合は、亡くなった伯母も母も『火葬でいいよ』と言っていたから火葬にしたけど、お坊さんの中には『火葬にするなら祈りを捧げない』と、あくまでも古いやり方に固執する方が多いし、ホント大変なのよ」

悲しいことに、鳥葬文化はまさに風前の灯火《ともしび》らしいのだ。

第五章

殺生を嫌うインド人の動物愛護

もっとも、それは無理のないことかも知れない。なにしろ世界のゾロアスター教徒のほとんどが暮らすムンバイ都市圏は、人口二千万を超える大都市。住宅地を増やすためには森林を伐採しなければならず、ハゲタカの生息地として最適とは、とても思えない。

しかし、よく調べてみると、インドのハゲタカが激減してしまったことの裏側には、人口増加以外の悲惨な理由があったようなのだ。

インドでは、過去二十数年の間にハゲタカの実に九十九・九％が死滅している。ほとんど全滅に近い、恐ろしい激減ぶりである。

死んだハゲタカたちは、死んだ牛の死体を食べた後に何らかの中毒症状を起こして絶命したことがわかった。専門家による詳しい調査が行なわれ、その結果わかったことは、非ステロイド性抗炎症剤として牛に投与されていた「ジクロフェナク」という薬品が、ハゲタカの腎不全を引き起こし、命を奪っていたことだった。こうして、二〇〇六年、ジクロフェナクの動物への使用が禁止された。

その後も調査は続けられ、別の非ステロイド性抗炎症薬である「ケトプロフェン」と「アセクロフェナク」も、牛を介してハゲタカを死に追いやっていることが証明された。

こうして、二〇二三年七月、関係者の十数年にわたる努力がついに実り、右の二つの動物用医薬品も、インド全土で製造・販売・流通が禁止された。

これは、ボンベイ自然史協会をはじめ、複数のNGO団体、政府機関、そして何よりもハゲタカの未来を憂う心ある人々が協力して勝ち取った大きな快挙だった（バードライフ・インターナショナル公式サイト二〇二三年九月一日版）。

いつの日かインドの空にハゲタカの群れが戻り、世界最古の宗教の伝統的な鳥葬が復活することはあるのだろうか。それはひとえに、これからの私たちの生き方にかかっている。

第六章

変わるインド、変わらないインド

知らない男に著作物を丸パクリされたジャーナリストの嘆き

すでに書いたように、インドは「ナンデモアリ」の国である。常識というものが、しばしば通じない。というか、存在しない。空気を読まない人も多い。本当に困ったものだが、見方を変えれば、だからこそインドは面白いとも言える。

今回の主人公は、ケララ州出身のジャーナリスト、ジョセフ・イダマルクさん（故人）だ。無神論者としても有名だったイダマルクさんは、生涯に二百三十冊の著書を書き、その多くがヒンドゥー教批判、イスラム教批判、キリスト教批判などの宗教批判や、インドの赤線地帯のルポといった、硬派でセンセーショナルなものだった。

もしもイダマルクさんがこれらの作品を英語で書いていたら、何らかの勢力に目を付けられ、最悪の場合は消されていたかも知れない。しかし幸か不幸かインドの一地方言語に過ぎないマラヤラム語で出版していたため、危害を加えられることはなく、二〇〇六年、七十一歳の時に睡眠中に逝去された（ただし有害図書を出版したという理由で若い頃に二度投獄されている）。

こう書くと恐ろしげな人に聞こえるかも知れないが、私にとってはマラヤラム語の師匠であり、長い白髪と白ひげがトレードマークの、物静かで心優しい老紳士だった。

一九九四年から九五年にかけて、イダマルクさんの訳書『超自然現象と神話』が大々的に盗作されるという事件があった。この作品は有名な理性主義者であるコヴールの英語作品を、イダマルクさんがマラヤラム語に訳した千二百ページの大作だったが、そのうちのハイライト部分に当たる四百六十ページが勝手に一冊の本にまとめられ、全く聞いたことのない翻訳者名で出版されたのだ。

事件が発覚すると、ほどなく犯人グループが捕まった。しかし彼らは他人の本を自分の名前で出版したことについて、ほとんど罪の意識を持っていなかったようだ。

心優しいイダマルクさんが、「キミは著作権というものを知らないのかね？　私の作品は私の名前でしか出版できないのだよ」と諭してあげたというのに、相手の男は少しも悪びれず、へっちゃらな様子でこう主張したようだ。

「誰の名前で出版したっていいじゃありませんか。著者や翻訳者の名前が変わったところで、本の内容が変わってしまうわけじゃない。第一、僕の名前で出版した本が読まれれば、それだけあなたの本が読まれたことになり、あなたの思想や哲学が世に浸透したことになります。僕があなたから怒られるいわれはないし、むしろ感謝されたいぐらいですよ」

なんという支離滅裂な理屈だろう。さすがのイダマルクさんも、一瞬怒ることさえ忘れて呆れ返ってしまったらしい。

さあ、そこからは大騒ぎ。裁判沙汰になりかけたが、相手方が書店からすべての本を撤去し、在庫をすべてイダマルクさん側に引き渡して、公式に謝罪することで和解した。

今思い返しても、あれは本当にトンデモナイ事件だったが、イダマルクさんが出した本を勝手に出版した男は、多くの人から説得されたにもかかわらず、最後の最後まで「著作権」の意味を本当に理解したようには見えなかったということだ。

人の文章をマネることの何が悪なのか。むしろ親切心からやってあげているのに、なぜ自分が責められるのか。……一貫して、こう主張していたようだから始末に負えない。

しかし、この問題はイダマルクさんという個人に起こった問題ではなく、皆の問題として捉えたほうがよさそうである。

そもそもインドは自分の物と他人の物の境界線があいまいな国だが、著作権については

≋ 第六章 ≋

変わるインド、変わらないインド

特にあいまいで、この傾向は二〇二四年現在も基本的には変わっていないように思える。

私は二〇一五年からインドの大学の教壇に立っているが、学生たちにレポートを書かせると、ほかの学生の文章を丸パクリして提出してくる輩《やから》が、クラスに必ず何人かいる。「人の文章を模倣せず、自分の言葉で、自分の考えを書くように」と事前に何度も念を押し、「盗作が判明した場合は落第とし、単位を与えません」とまで宣言して盗作を防止しているのだが、それでも必ず、誰かしら禁を破る不届き者が現われるのだ。

それも、わかりやすい丸パクリ。ごていねいに誤字脱字までパクって提出してくる。

パクった側（推定）とパクられた側（推定）の二人（稀に三人以上が共犯のこともあるが）を呼び出し、「なぜ全く同じ文章なのかな？」と優しく聞くと、すぐに、

「すみません、パクりました」

「すみません、パクらせました」

という、これ以上ないほど素直な答えが返ってくる。

これまでに、シラを切った悪党は一人もいない。バレると即座にみずからの罪を認める。

ただし、自分がやったことの何が悪いのかはサッパリわかっていないようで、

「A君が見せてと言うので見せました」

「B君に見せてと頼んだら見せてくれました」

と繰り返すだけ。

その、あまりにも無邪気な説明を聞いていると、当方の怒りは一気に萎え、どっと疲れが押し寄せてくる。悪意を持った犯罪者よりも、ある意味、これは遥かに質が悪い。

しかも過去には、私の文章を丸パクリしたツワモノ学生もいた。彼はこの時、少しも悪びれずに堂々とこう言った。

「マミ先生の文章なら模範的だから、絶対にA＋（最高成績）が取れると思ってマネしました！」

ああ、今になってイダマルクさんの気持ちがよくわかる。

チャイのカップが素焼きからプラ製に変わり再び素焼きへ？

初めてインドに行ったのは一九九〇年で、その時は、見るものすべてが珍しかった。

その中でも特に忘れられないものの一つが、生まれて初めて路傍のチャイ屋（お茶屋さん）でチャイを飲んだ日のことだ。

チャイ屋といっても、移動式の粗末な屋台である。椅子もないので、当然立ち飲み。店のメニューは、スパイスの利いた「ガラムチャイ」（熱々のチャイ）だけだった。材料は、紅茶、水、牛乳、各種スパイス、そして砂糖。

注文すると、店のオジサンがすぐに手際よく用意してくれた。

ポットを高い位置に捧げ持ち、低いところにあるカップをめがけて熱々のチャイを滝のように落としてみせるパフォーマンスが得意なオジサンだった。容器は「クルハド」という名の小さな土製カップで、釉薬《ゆうやく》（陶磁器の表面のガラス質）は塗っておらず、テラコッタのような質感。把手《とって》は付いていない。

オジサンから渡されたチャイを飲み、期待以上の美味しさに目を瞠《みは》った。

埃っぽい道路脇の、牛の糞の上を蠅がブンブン飛び回っているような、どう考えても衛生的とは言い難い環境だったが、味は超一級品だったのだ。しかも値段はたったの一ルピー。申し訳ないようなお手軽価格である。

ちなみに一九九〇年当時、立ち飲みのチャイの値段は、どこへ行っても一ルピー。ごく稀に一杯五十パイサ（一ルピーの半分）の店さえあった。同じ頃、超一流ホテルで「ティー」を注文すると、一杯百ルピーは取られたものだ。一杯の紅茶の値段が、ところ変われば二百倍も違ったのだから、インドという国は途方もない格差社会だった。

さて、私が本当に話したかったのは、チャイの味もさることながら、チャイを飲んだ後の「後始末」についてである。

私が店のオジサンから渡された熱いチャイを少しずつ飲んでいると、私より先に来ていた客の一人がチャイを飲み終えた。次の瞬間、彼は持っていたカップをいきなり地面に叩きつけたのだ。ガチャンと音をたてて砕け散るカップ。男はそのまま何事もなかったように立ち去った。

インド初体験の私には、最初、何が起こったのかわからなかった。

今の客は間違えて器を落としたのか？　だとしても、一言の謝罪もないとは非常識な。ところがその次にチャイを飲み終えた客も、一人目の男と同じように、カップを地面に叩きつけたではないか。彼はサンダルを履いた足で割れたカップの欠片を踏みつけながら、悠然と去って行った。

第六章　変わるインド、変わらないインド

この時になって私はようやく、屋台のまわりの地面が素焼きのカップの残骸だらけであることに気づいた。

（もしやインドでは、使い終えたカップを地面に叩きつけるのが正しい作法なのでは？）

悶々《もんもん》としていると、先刻から私の様子を見ていた客の一人が、身振り手振りで何かを伝えようとしてきた。どうやら「キミも同じようにしなさい」と言いたいらしい。

こうなったら、やってみるしかない。私は残りのチャイを飲み干し、カップを軽く持ち上げると、そのまま地面に叩きつけてみた。カチャンという音と共にカップは真っ二つに割れ、その様子を見守っていたインド人たちは一斉に微笑んだ。

実は、一九九〇年当時、インドの路傍のチャイ屋では、これがチャイを飲み終えたあとの正しいカップの処理方法だったのだ。「こうすればカップは大地の一部に戻る。ゴミも出ないし、自然を壊すこともない。理想的な方法だろう？」あちこちでそう教わり、なるほどと感心した。これなら確かにエコだし、カップ作りの職人の仕事も途切れない。今でいうＳＤＧｓ（持続可能な開発目標）を先取りしたやり方と言えるのではないか。

しかしその後、私がインドへ足を運ぶたびに、チャイを取り巻く状況は急激に変わっていった。土製カップが目に見えて減り、プラスチック製や紙製のカップに置き換えられたのだ。そのうちに、インドのどこへ行っても土のカップは見かけなくなり、気がついた時には、ほとんどがプラスチック製や紙製に変わってしまっていた。

何よりも深刻な問題は、カップの材料が変わっても、チャイを飲んだあとのカップを地面に叩きつける作法は変わらなかったことだ。ほどなく、町中がプラスチックゴミや紙ゴミだらけになった。ゴミは川や海にも流れ込み、見るも無残な状況になった。

この動きに待ったをかけたのは、なんとインド鉄道だった。世界有数の鉄道大国として知られるインドでは、列車でチャイを飲むことが旅の大きな楽しみの一つ。かつては土のカップが使われていたが、時代の趨勢《すうせい》と共にプラスチックに取って代わられていた。

ところが、二〇二〇年十一月、鉄道大臣が土製カップの復活を宣言したのである。「インドの脱プラスチックに向けての鉄道の貢献」と題したスピーチの中で、大臣は、近い将来、インドのすべての駅でチャイ容器に土製カップを使用すると約束。このニュースは大々的に報道された（インディアン・エキスプレス紙二〇二〇年十一月二十九日版など）。

インド鉄道公式サイトによれば、二〇一六〜一七年現在、駅の総数は七千三百四十九駅。そのすべてにカップを供給するとなると、失業中だった職人にとっては大変な朗報だろう。

その後、コロナの流行などに邪魔をされて、残念ながら私はまだインドの鉄道の旅を再開していない。しかし次に乗る時は、まず真っ先に、チャイの容器がプラスチックから土製に戻ったかどうかを確かめてみたいと思う。

水筒の水の「回し飲み」と新聞の「回し読み」が消えたインド

一九九〇年のある日、私は鉄道の旅を楽しんでいた。

個室に空きがなかったため、大勢の乗客が隣り合わせる一般車両に乗ることになった。見知らぬ人たちと過ごす、束の間の時間。人々は優しく、そして食いしん坊だった。手荷物の中から色々なおやつを取り出しては、そのたびに周囲の席の乗客にも配り、異邦人の私にも平等に分けてくれた。

皆が座っている席のちょうど真ん中あたりに、誰のものか知らないが、大きめの水筒が置いてあった。

しばらくすると、一人の男がその水筒に手を伸ばした。ふたを開け、水を飲んだのだが、その飲み方が少々変わっていた。彼は水筒に直接口を付けず、水筒を口より数センチ高い位置まで持ち上げて、まるで口をめがけて水を落とすようにして飲んだのである。

こんな不思議な水の飲み方は見たことがなく、何と呼んでよいかわからないので、ここでは仮に「インド飲み」と呼ぶことにしよう。

私は少し呆気にとられながら、男が水を飲む様子をまじまじと観察してしまった。しばらくして、先ほどとは別の男が水筒に手を伸ばしてきた。それを見て、私は「おやっ？」と思った。最初の男が水筒の持ち主だとばかり思っていたのに、別の男が手を出したからだ。

しかも驚いたことに、今度の男も水筒に直接口を付けない「インド飲み」である。そのあとも何人かの乗客が次々に水筒に手を伸ばしたが、すべて「インド飲み」だった。奇妙なことに、この間、誰一人として「水を飲んでもいいですか？」と断りを入れる人も、「俺の水を飲むな」とクレームをつける人もいなかった。皆、飲みたいだけ飲み、飲み終えると礼も言わずに水筒を元の場所に戻していた。

第六章

変わるインド、変わらないインド

どうにも不思議でたまらなくなり、私は疑問をそのまま口にした。

「失礼ですが、皆さんは、ご家族なんでしょうか？」

遠慮なしに水筒の水を分け合っているからには、家族のような親しい間柄に違いないと思ったからだ。ところが返ってきたのは、

「いいえ、家族じゃありませんよ。今ここで知り合った赤の他人です」

という信じられない答え。

「すると、これはどなたの水筒なのですか？」

重ねてそう尋ねたところ、三番目か四番目に水を飲んだお爺さんが、

「はい、私の水筒です」

ニコニコしながら手を挙げた。見知らぬ人々に勝手に水を飲まれたというのに、お爺さんは少しも怒っていない。むしろ楽しそうだ。私は狐につままれたような気持ちで、

「この国では、こうやって他人の水筒の水を勝手に飲んでもかまわないのですか？」

と、冗談半分に質問していた。すると、最初に水を飲んだ男から、

「もちろんかまいませんよ、なんなら、あなたもどうぞ」

という答えが速攻で返ってきたではないか。

よく見ると、男はなかなかのインテリらしかった。身なりも清潔で、話し方にも品がある。

「インドでは、必要な時に水筒の水をシェアするのはあたりまえと考えられています。水がなければ生きていけません。命に関わることですから、シェアすべきものです。あなたも飲みたかったら、遠慮なくどうぞ」

庶民が乗る安普請《やすぶしん》の二等車両の中で、こんなに感動することになるとは思わなかった。さすがは慈悲の国インドだけのことはある。白いワイシャツを着た目の前の男が、ヒマラヤの山奥で修行する聖者か何かのように見えた。

口を付けずに飲む「インド飲み」が理に適ったものであることも、すぐにわかった。誰かとシェアすることが前提なら、当然、口を付けてはいけない。水筒の中身を汚染しないためには、口を付けない「インド飲み」がよいに決まっている。

別の言葉でいえば、「インド飲み」は、誰かを思いやり、誰かと水をシェアすることを前提とした、愛にあふれた飲み方だったのだ。

そんなインドが変わるまでに、それほど長くはかからなかった。

小型のペットボトルが広く市場に出回るようになって、状況が大きく変わったのだ。誰もが一人一本ずつ小型ペットボトルを持つ時代になり、水筒に入った水を誰かとシェアするという発想自体が掻き消されていった。

気がつくと、「インド飲み」をする人も、最近はあまり見かけなくなった。

二〇二〇年からは新型コロナウィルス感染症のパンデミックで、人と何かを分け合うことが根底から否定された。同じ水筒から水を分け合うなど言語道断という風潮が広まった。

新聞も同様である。かつてインドでは、そのへんに置いてある新聞は勝手に借りて読んでかまわないものだった。水の時と同様に、新聞(の情報)は皆でシェアすべきものだったので、他人の新聞であろうと、断らずに読んでよいという不文律があった。

しかし、この美しい文化も、スマホによって完全に終わった。ニュースは、今や小さなスマホ画面の中で読むもので、人とシェアするようなものではない。その結果、隣の人が何のニュースを読んでいるかさえわからない世の中になった。

世界中のほかの人々と同様に、インド人も、こうして少しずつ、確実に、孤独になっていくのだろう。

いや、皆よりも遅く近代化路線に駆けつけたインドは、その分、皆よりも急いで、短期間に変わらざるを得ない。近代化と引き換えに、インドは何を獲得し、何を失うのか。失うものが「インド飲み」のようなインドの良心でないことを心から祈る。

「STD」「ISD」インドで電話をかけるには忍耐力が必要だった

かつて、インドで「電話をかける」ことは、結構な大仕事だった。時間と忍耐が必要で、遠距離や国際電話の場合には、今からは信じられないほどお金もかかった。

ここで言う「かつて」とは、携帯電話が普及する前の、固定電話の時代である。電話をかけてもなかなか繋がらない。一旦は繋がってもすぐ断線する。一本の電話をかけるのに何時間もかかることもあった。ようやく繋がって喜んでいると、今度は混線した。混線とは、自分がかけている電話に、全く関係のない第三者の会話が混じることだ。一度など、耳元でいきなり知らない女の人の泣き声がして、心臓が止まるほど驚いたことがあった。しかも、その女性をなだめているらしい男の人の声も混ざった。インドの電話では、つい最近まで、そんなカオスなことがたびたび起こったものだ。

一九九〇年に初めてインド全土を取材旅行した時、複数の人たちから聞かされたのは、

「インドはどこへ行っても電話がかかりにくいけど、その中でも特にひどいのはカルカッタだよ。あそこはインドがイギリスに統治されていた時の首都だから。その頃の後遺症が、今も深刻みたいだね」

という意見だった。そこで、ぐるりとインドをまわってカルカッタに着いた時、現地のICRで事の真偽を尋ねてみた。すると、「よくぞ聞いてくれました！」というひとことに続いて返ってきた答えは、

「イギリスは三百年ほど前にカルカッタの町を造り、まずイギリス東インド会社の拠点として、さらに植民地インドの首都として、この町を利用しました。しかし、カルカッタから撤退する時、イギリスは電話、水道、電気、その他の配線がどうなっているかを教えてくれなかった。配線の詳細を記した地図を持ったまま引き上げてしまったんです。そのため、いまだにカルカッタでは、道路工事などで土を掘り起こすたびに、配線を傷つけてし

まう事故が続いています。どこに何が埋設されているのか、すべてが解明されるまでには、あと三百年はかかるんじゃないでしょうか」

なるほど、これがカルカッタの電話が通じにくい理由の一つだったのか。地図も持たず、地中深く埋められた配線と格闘する人たちの苦労を思うと、同情を禁じえなかった。

このように、電話一つとってみても苦労の絶えない一九九〇年前後のインドだったが、ただ一つ、この国にはとても便利なものがあった。お金を払えば誰でも使える電話だ。「ＰＣＯ」（パブリック・コール・オフィス）という結構な名前が付いていたが、要するに公衆電話である。経済的事情で家電《いえでん》を持てない人が多かったこの国で、公衆電話はなくてはならない庶民の味方だった。

「オフィス」を名乗っていることからもわかるように、ＰＣＯはただ電話が置いてあるだけの無人ボックスではなく、体裁としては小さな店舗になっていた。店員が常駐しており、客はいちいち店員に頼んで電話をかけさせてもらうシステムだった。

小さな掘っ立て小屋のような店舗が多かったが、店の前には大きな黄色い看板が掲げられ、その上に黒字で大きく「ＳＴＤ」（加入者トランク・ダイヤル）、「ＩＳＤ」（国際加入者ダイヤル）などと書いてあるので、公衆電話の場所は遠くからでもよく見えた。

大抵の場合、店の中にはスチールの粗末な椅子が置いてあり、そこに座って電話をかけた。この一事からも想像できるように、インド人はしばしば長電話だ。いったん電話を取られてしまったら、なかなか次の人の順番は回ってこない。

壁の上のほうには、デジタルの料金表が掲げられていて、電話をかけた瞬間から数字が赤く点滅し、料金を示す仕組みだった。当然、ローカルな通話よりも国際電話や長距離電話のほうが通話料金が高く、お店の実入りも良い。だから、たとえ客が多く、公衆電話の順番を待つ人の列ができているような場合でも、「国際電話をかけたい」と言えば、お店の人がすっ飛んで来て、前に待っている人たちをどけて国際電話の客を優先してくれた。


この、黄色い看板が目印の、インドの愛すべき公衆電話を終焉《しゅうえん》に導いたのは、言うまでもなく携帯電話（スマートフォンを含む）の登場だった。

二〇一〇年の段階で一億七千八百万人だったインドの携帯電話インターネット利用者数は、二〇一五年には六億九千五百万人に急増。二〇二〇年には十億五千五百万人に達し、そのあとはほぼ横這いの状態がつづいている。予測では、二〇五〇年の利用者数は十二億千四百万人になる見込みだ（スタティスタ資料）。

一方、黄色い看板でおなじみの公衆電話（ＰＣＯ）の数は、二〇〇六年の時点でインド全土に四百二十万軒あったものの、二〇二二年にはわずか五万軒台まで激減（インド電気通信規制庁資料）。その後の最新データはまだ公開されていないようだが、今や絶滅寸前であることは間違いない。


最近、インドの学生たちと話していてつくづく感じるのは、私にとっては「常識」ともいえる数十年前のインドの風景を、彼らがまるで知らないということ。

彼らは、少し前までインドの電話が混線したことも、飲み終えたチャイのカップを叩き割っていたことも、知らない人の水筒から黙って水を飲んでも許されたことも知らない。

親たちも、過去の出来事にはあまり興味がないのか、あるいは毎日の生活が忙しいからなのか、そういう歴史を子どもと共有することはあまりないように見える。

仕方がないので、この頃は大学の授業の中で、そういう情報をなるべく話すようにしている。日本人の私がインドの昔話をするのもおかしな話だが、そうやって身近な歴史を継承していくことは、とても大切なことだと思うからだ。

≈ 第六章 ≈

変わるインド、変わらないインド

「ベジタリアン大国」インドの行方は？

インドと言えば、「ベジタリアンの国」のイメージがある。

少なくとも世間の評価はそうなっているが、本当のところはどうなのだろう。

「インド人の何％がベジタリアンか」と検索すると、実にさまざまな見解にヒットして、一瞬、何を信じてよいかわからなくなるほどだ。

例えばＢＢＣは、「インドのベジタリアン国家神話」と題した記事（二〇一八年四月四日版）の中で、インド人の大半がベジタリアンだという話は「最大の神話」であり、「実際にベジタリアンなのは二十％」に過ぎないとした上で、「ヒンドゥー教徒は大の肉食である。特権階級である上位カーストのインド人でさえ、ベジタリアンは三分の一しかいない。」と断じている。

インド最大の発行部数（八百万部）を誇る週刊誌『インディア・トゥデー』（二〇二一年十一月十八日号）は、「テランガーナ州、アンドラ・プラデシュ州、西ベンガル州、タミル・ナードゥ州、オディシャ州、ジャールカンド州は、非ベジタリアンの割合が九十七%を超えている」という衝撃的な記事を載せている。

これが本当なら、私が客員准教授を務めるインド工科大学ハイデラバード校のあるテランガーナ州は、人口百人中のベジタリアンはわずか三人ということになってしまう。

一方、米国のシンクタンクであるピュー研究所が二〇二一年に発表したところによれば、インド人に「あなたはベジタリアンですか?」と問いかけたところ、三十九%が「はい」、六十一%が「いいえ」と答えたそうだ。

宗教別に見ると、最もベジタリアン率が高かったのはジャイナ教徒の九十二%だった。ジャイナ教といっても日本ではほとんど知られていないが、仏教と同じ頃に生まれた古い宗教である。教祖はマハーヴィーラ。一般に徹底した菜食主義で知られ、野菜の中でも根菜類は「植物を根絶やしにしてしまうから」という理由で口にしない。虫を殺さぬようにとの配慮から、自然落下した孔雀の羽でつくった箒《ほうき》を用いて、座る前に自分の座所を掃いて虫をどかす。さらには微生物や羽虫などを吸い込んでしまわぬようマスクを着用するなど、徹底した非暴力(アヒンサー)で知られる。

彼らのベジタリアン率（九十二%）は驚異的だが、インドにおけるジャイナ教徒の数は、残念ながら人口の〇・四%に当たる約四百四十五万人に過ぎないため、彼らがインド全体のベジタリアン率を大きく引き上げる要因になることはない。

余談ながら、ジャイナ教徒のコミュニティは従来から「豪商」として知られており、ネット上には「インドで徴収される所得税の二十四%はジャイナ教徒からの収入」との情報が溢れている。これを否定する意見も見られるものの、二〇二四年現在、「ジャイナ教徒=大富豪」の情報が広く拡散していることは事実である。

ベジタリアンというと、つつましく、お金とは縁のない人だけを想像するかも知れないが、決してそんなことはないのだ。

話を戻そう。インドにおけるジャイナ教以外の主な宗教別ベジタリアン率は、多いほうから順に、シーク教五十九%、ヒンドゥー教四十四%、仏教二十五%、キリスト教十%、イスラム教八%という結果だった。

興味深いのは、「あなたはベジタリアンですか？」という問いに対して「いいえ」と答えた六十一%の人々が、好きな時に好きなだけ肉を食べているかというと、必ずしもそうではないことだ。

彼らの多くは、肉を食べるには食べるが、何らかの「制限」を設けていると答えた。

つまりインド人の六十一％のうちの多くは、特定の肉を食べないとか、特定の日に肉を食べないといったローカル・ルールのようなものを、自主的に設けているらしい。

このうち「特定の肉を食べない」というルールの代表的なものは、ヒンドゥー教徒が牛を食べず、イスラム教徒が豚を食べないことだろう。

また、「特定の日に肉を食べない」というルールの代表的なものには、ヒンドゥー教徒の多くが、毎週火曜日、木曜日、土曜日、および毎年の祭日（ディワリなど神々を祀るお祭りの日）に肉を食べない習慣が挙げられる。


ある時、インド人たちと昼食をご一緒した。同行したヒンドゥー教徒のSさんが、その日に限って肉を食べないというので、理由を聞いたところ、「今日は火曜日だから」という答えが返ってきた。

「ヒンドゥー教の考えでは、一つ一つの曜日は、それぞれ決まった神様と繋がっているんですよ。例えば火曜日はハヌマーン（インド神話に登場する神猿）の日です。僕はハヌマーンを信仰しているので、火曜日には肉を食べません。イメージとしては軽い断食のような感じですね。これぐらいのペースだと、無理なく肉をお休みできて健康的です」

なるほど、これは彼にとっての信心の仕方であり、同時に健康法なのだなと思った。

Sさんのように、「特定の肉を食べない」、「特定の日に肉を食べない」など、肉食に何らかの制限を設けている人は、完全なベジタリアンを含めると、インド人全体の実に八十一%にも達するという。

インドでは最近ようやく、健康的な食事に関する議論が宗教抜きでなされることが多くなってきたと感じる。そこでよく耳にするのは、「インドの食卓にはタンパク質が足りていない」という、もっともな話題である。

ベジタリアンはどうやってタンパク質を摂るべきか。インド人の関心は、これまでの宗教メインの議論から、科学に裏づけられた議論へと、そのテーマを広げつつある。

女性のキャリアは家族次第 「娘を救え」大作戦の成果

マジックの研究をしていた頃、インド各地で何百人というマジシャンに会った。その中で印象的だったことの一つは、インドのどこへ行っても、プロの女性マジシャンを一人も見かけなかったことだ。

「インドには、マジシャンのアシスタントの女性はいても、女性のマジシャンはいないのです」という説明に対して、「なぜいないのですか」と質問したところ、「それが伝統だから」とアッサリ返され、なんだか釈然としないものが胸に残ったことを覚えている。

あれから約三十年が経ち、インドではついに男性と肩を並べて活躍する女性プロマジシャンの姿を見かけるようになった。まだまだ数は少ないが、男性の専売特許だったインドのプロマジック界に女性マジシャンが斬り込んだこと自体が、たいへんな勇気だと思う。大いに活躍してほしい。

実際、昨今のインドでは、以前の常識では女性を見かけなかった職場にも、才能と運と行動力のある女性たちが続々と参入している。

第六章

変わるインド、変わらないインド

例えば、従来は「男の仕事」とされたオート・リクシャー運転手と電車運転士は一九八八年に、宇宙飛行士は二〇〇三年に、戦闘機パイロットは二〇一六年に、それぞれ「インド女性第一号」が誕生しているし、女性首相（インディラ・ガンディー）は一九六六年、女性大統領も二〇〇七年に、それぞれ選出された。また、職業ではないが、一九七九年にはノーベル賞受賞者（旧ユーゴスラビア出身で後にインド国籍を得たマザー・テレサ）も現われた。

女性が全く進出していない分野を探すのが、もはや難しいほど、インド女性はさまざまなエリアに進出し、持てる才能をのびのびと発揮し始めている印象がある。

しかし、「それならインド女性は希望すれば誰でも自由に職業を選び、バリバリ働けるの？」と問われれば、残念ながらそういうわけではない。

インドはいまだに家父長制の国。家の中のことは相変わらず父親、夫、長男などの男性陣が仕切っていることが多く、彼らの「許可」がない限り、女性が外へ出ることは難しい。いや、仕事どころか、目と鼻の先にあるマーケットへ買い物に行くことにさえ、父や夫の許可が必要な女性たちが決して少なくないのだ。

米国ワシントンDCに拠点を置くシンクタンク、ピュー研究所は、二〇二二年三月、「インド人は家庭と社会におけるジェンダー役割分担をどう見るか」と題した興味深いレポートを発表した。そこで明らかになったのは、女性の政治リーダーを持つことには肯定的だが、家庭においては伝統的な妻（いわゆる専業主婦）を理想の女性像としている現代インド人の姿だった。

まず、政治家に関しては、インド人の五十五％が「女性は男性と同等に優れた政治リーダーになれる」、十四％が「男性よりむしろ女性のほうが優れた政治リーダーになれる」と回答。つまりインド人の三人に二人以上が、女性の政治リーダーを歓迎する立場だった。

ところが、同じ人たちに「妻は夫に常に従うべきか？」と問うたところ、六十四％が「完全にそう思う」、二十四％が「ほぼそう思う」と答えており、両方合わせると実に八十八％のインド人が「夫に従順な妻」を求めていることが明らかになったのだ。

つまりインド人は、自分の「家の外」にいるエリート女性には敬意を払う一方で、自分の「家の中」にいる女性については伝統的価値観を崩さない。「外」と「中」でほぼ正反対の、ダブル・スタンダードなジェンダー観を持っていると言えるだろう。

このようにインドでは「家」の意識が強く、同時に、そこにはしばしばあからさまな女子差別がある。例えば、「是が非でも男の子が欲しい」と公言する人に理由を尋ねると、「ヒンドゥー教の葬儀を執り行うことができるのは伝統的に男子に限られるから」と、木で鼻をくくったような答えが返ってくる。そのためインドには、悲しいことに、せっかく妊娠しても「女児なら要らない」とする風潮が今も残っている。

自然に任せておけば、生まれてくる子の男女比は、女子百人に対して男子は百五人ほどになるそうだ。ところがインドでは、一九七一年に中絶手術が合法化され、八〇年代に超音波検査による出生前性別診断の技術が導入されると、女児を選択的に中絶する人が急増。その傾向は二〇一一年の国勢調査時にピークを迎えるまで止まらず、〇歳から六歳までの男女の比率が、女子百人に対して男子百十一・二人に達してしまった。

事態を重く見たナレンドラ・モディ首相は、二〇一五年、「娘を救え！　娘に教育を！」と銘打った国家的イニシアチブ（ヒンディー語の頭文字を取って「ＢＢＢＰ」と呼ばれる）を発足。この政策が功を奏し、現在、男女比は徐々に正常化に向かっている。

二〇一九〜二一年には、女子百人対男子百八人にまで改善された。

実は、この改善に大きく貢献したのはシーク教徒だった。これまで「息子推《お》し」の傾向が強く、男女比のバランスを崩す大きな原因をつくっていたシーク教徒が、その態度を柔軟に変化させ、女児を歓迎する路線に舵を切ったのだ。

これとは別にキリスト教徒は、もともと女児を敬遠する傾向がなく、男女比のバランスがうまく取れていた。

今のところ、これら二つの宗教が、インドの出生時男女比を正常値に近づけるために大きく貢献している（ピュー研究所二〇二二年八月二十三日版）。

「娘を救え！」大作戦が国全体に広がり、定着した時、インドは名実ともに「世界最大の民主主義国家」に生まれ変わるのかも知れない。

第七章

普段あまり目にしない、インドのダークサイド

飛行機事故の現場で目撃した「ご遺体」への冷たさの衝撃

ここからは、インドのダークな一面についてお話ししようと思う。

二十世紀もあと数年で暮れようとする一九九六年十一月十二日。ニューデリー郊外の上空で、二機の大型飛行機があろうことか正面衝突し、乗員乗客全員（三百四十九人）が亡くなった凄まじい事故を覚えていらっしゃるだろうか。

一般に「ニューデリー空中衝突事故」の呼び名で知られるこの事故は、民間機の事故としては、一九七七年発生の「テネリフェ空港ジャンボ機衝突事件」（死者数五百八十三人）と一九八五年発生の「日本航空123便墜落事故」（同五百二十人）に次いで、史上三番目に多くの死者を出した事故として、今も人々の記憶に刻まれている。

この事故が起きた時、私は例の「Bさんが無料で貸してくれたちょっと手狭なアパート」に住んでいた。ちょうど夕食が終わったタイミングで、家族や来客と一緒にお茶を飲みながら寛いでいたところだったと思う。

日本からの電話で、「二機の飛行機が正面衝突してニューデリーの人口密集地帯に墜落したんですって？　あなたのおうちは大丈夫なの？」と知らされ、驚いてテレビをつけると、ＢＢＣ（英国放送協会）とＣＮＮ（米国のニュース専門局）が事故の緊急ニュース速報を大々的に報じていた。

当時のニューデリーでは、有料のケーブルテレビを含めるとすでに三十局以上が受信できたのだが、ＢＢＣとＣＮＮ以外の局はのんきにヒンディー映画などを流しており、臨時ニュースのテロップを流す気配さえなかった。

詳しい情報を知るために、ジャーナリストの友人たちに電話をかけまくって調べた結果、衝突したのはサウジアラビア航空機とカザフスタン航空機で、墜落場所はニューデリーの人口密集地帯ではなく、西に百キロほど離れたチャルキ・ダドリ村であることがわかった。当時の私は、日本の新聞と月刊誌に、それぞれインド紹介の連載コラムを持っていた。

（実際に事故現場へ行き、この目で様子を確かめて記事を書かなくては！）

そう思い立ち、友人で旅行会社社長のＷさんにたのんでタクシーを一台チャーターしようと試みた。ところがＷさんは、タクシーで現場まで行くのは難しいという。

「チャルキ・ダドリ村のちょっと手前に、時々山賊が出る荒野があるんですよ。もう夜だし、タクシー運転手は行くのを嫌がるでしょう。護衛を連れて、私がみずから運転して行きますよ」

山賊うんぬんに関しては、半分ジョークだったのかも知れないが、定かではない。ともあれWさんがハンドルを握り、助手席にはいざという時に山賊と戦うため（？）の護衛、私は後部座席に乗り込んで、一路、チャルキ・ダドリ村への道をひた走った。

ちなみにWさんは、かつてインドの病院で盲腸の手術を受けた際、腎臓の一つを勝手に摘出されてしまったという恐ろしい経験の持ち主だ。悪徳外科医がWさんに黙って腎臓を取り出し、高額で売り飛ばしてしまったらしい。

「そういうことが、たまに起きますからねえ。インドの病院には気をつけてください」

そんなトンデモナイ話を聞かされながら、未整備のガタガタ道を揺られること、約二時間半。幸い山賊が出ることもなく、無事にチャルキ・ダドリ村にたどり着いてみると、そこには一種異様なムードが漂っていた。

月明かりに照らされた広大な綿花畑。その上に色々なものが散乱し、生まれてから一度も嗅いだことのない、胸が悪くなるような臭いが立ち込めていた。

警察や消防、あるいは軍隊による厳戒態勢を想定し、私は少し前にインドの観光大臣からいただいていた〝普通なら入れない所へも入れてもらえる〟「特別許可証」を携行していた。しかし、そんなものは必要なかった。なにしろ事故現場にはロープが張ってあるわけでもなく、警察や軍隊に制止されることもなく、誰でも勝手にそのあたりを歩き回れる状態だったのだから！

綿花畑のど真ん中だから、街灯もなく、光源は持参した懐中電灯と月の光だけ。

この時、サンダルを履いた自分の足に、何かぐにゃりとした温かいものが当たった。急いで懐中電灯で照らして見た途端、うっと息が詰まった。私の生足に触れていたのは、あろうことか、千切れた人間の手首だったのである。

よくよく見ると、あたり一面には人間の身体のパーツらしきものが至る所に飛び散っていたではないか。

大腸と思われる細長い紐状のもの。目玉。千切れた手足。身体のどのパーツなのかわからない肉片。人体の、それこそありとあらゆるパーツが、ぐちゃぐちゃにぬかるんだ大地の上に無残にも放り出されていたのである。

あまりにも非現実的な光景を前にしたせいか、私は驚くほど冷静だった。怖さや気持ち悪さといった感情も湧いてこなかった。

そこへ村人がやって来て、「あっちには、もっといっぱい死体があるよ」と興奮気味に教えてくれた。言われるがままに、村人が指さしたほうへ行ってみると、そこはさらに阿《あ》鼻叫喚《びきょうかん》を極めていた。

その一角には警察当局がいて、着々と遺体の片付けが行なわれていたのだが、その情景は、「むごたらしい」の一語に尽きた。彼らはパワーショベルを使って次々に遺体を掬《すく》い上げては、まるで生ゴミを処理する時のような乱暴さで、大型トラックの荷台に向かってドサドサと音を立てて投げ込んでいたのである。

——これが、不慮の事故が起こった時のインド式の弔い方なのか？

毛布に包んでもらうこともなく、パワーショベルで片付けられていくご遺体。事故で亡くなった方たちも、こんな最期を迎えたくはなかっただろう。気がつくと私はご遺体の山に向かって頭を垂れ、両手を合わせて、犠牲者の冥福を祈っていた。

ご遺体のフルカラー写真を平気で報道するマスメディア

飛行機事故の現場で数時間を過ごし、ニューデリーに戻った時には、すっかり朝だった。その頃には、ニューデリーの人々も朝のニュースで事件について知りはじめていたと思う。

その日から当分のあいだ、町は事件の話題一色になった。

犠牲者に関する情報もまとめられ、(事故を起こした航空会社がサウジアラビア航空とカザフスタン航空であることから予想できたとおり) 多くがイスラム教徒だったことが判明した。

二〇二四年現在、ウィキペディアの記事は事故の犠牲者を三百四十九人としているが、事故直後の発表では二百五十一人だったと記憶している。

二百五十一人のうち、九十四人分の遺体は損傷が激しすぎて身元確認ができなかったため、うち七十六人分はイスラム教式 (土葬)、十五人分はヒンドゥー教式 (火葬)、三人分はキリスト教式 (土葬) にのっとって、それぞれの共同葬儀が行なわれたことが報じられた。

事故発生当時のチャルキ・ダドリ村には、電話が一台しかなく、その一台も故障中だったこと、そのため当局への通報が遅れ、最初のパトカーが事故現場に到着した時には事故から一時間が経過していたことなど、当時の様子が次第に明らかになっていった。

第七章
普段あまり目にしないインドのダークサイド

しかし、その中で何と言っても衝撃的だったのは、事件について報じたニュースのほとんどが、犠牲者のプライバシーを平気でさらしたことだ。

まず、事故発生から数時間後に発行された新聞各紙が、綿花畑に転がったバラバラ死体の写真をセンセーショナルに取り扱った。これを皮切りに、遺体の写真が、これでもか、これでもかと、繰り返し報道された。

数日後に発売になった週刊誌は、さらに衝撃的で、フルカラーの遺体写真が何ページにもわたって掲載された。身元のわかる遺体は、すべてフルネーム付き。細かなプロフィールまで添えられている遺体も少なくなく、犠牲者の住所がわかるものもあった。

首が完全にもぎ取られ、腹部から腸がほぼ完全に飛び出してしまった童女の遺体と、彼女の持ち物らしい人形が並んだ写真を、あろうことか表紙に使った週刊誌さえあった。

あの、地獄のような事故現場で、記者が童女のバラバラ死体を拾い集め、それらを「死体の山」の上に見栄えよく並べて、気に入った一枚が撮れるまで何枚も何枚も写真に収めたのだと思うと、想像しただけで鳥肌が立った。

駅のキオスクや書店の店先にズラリと並んだ遺体写真満載の週刊誌や新聞は、飛ぶように売れているようだった。

この一件から私が学んだことは、

第七章

普段あまり目にしないインドのダークサイド

「インドで事故死をしたら、死体を写真に撮られ、プライバシーを丸ごと容赦なくさらされてしまう」

という、おぞましい教訓だった。以来、気をつけて見ていると、インドのメディアは遺体の写真を平気で使っているではないか。

例えば身元不明の行き倒れの人に関するニュースには、しばしば遺体の顔写真が添えられる。二〇二四年の今も、この傾向は変わらない。確かに、顔写真を添付することによって身元が判明する可能性はぐっと上がるだろう。しかし日本人の感覚では、どう考えてもNGではなかろうか。死者の尊厳に鞭打《むちう》つ行為だとさえ思う。

だが、このような傾向を問題視したりクレームを付けるインド人に、私はこれまで一度も会ったことがない。遺体の取り扱いに関する感覚が、日本人とインド人で大きく異なるのだ。

これとは別に、「ニューデリー空中衝突事故」が発生した直後から、町には一つの噂が流れていた。いわく、「飛行機が墜落した直後、乗員乗客の何人かはまだ生きていた。ところが、集まってきた野次馬たちは、瀕死の犠牲者を助けるどころか、財布や貴金属など金目の物を盗み取り、そのまま見殺しにした」。

まるで見てきたようなリアルな噂話だが、事実とすれば、あまりにも残酷な内容だ。例によってインドの友人たちをつかまえては、この件についてどう思うか率直な意見を求めたところ、

「そうだね。そういうことは、当然あり得るだろう」

と、あたりまえのように返され、私は絶句してしまった。

誰か一人でもよいから、「インド人はそんなひどいことをしないよ」と言ってくれることに期待したが、誰もそうは答えなかった。

どうにも腑に落ちなかったので、現役のエア・インディアの客室乗務員をしていた女友だちのKさんに尋ねたところ、彼女は、「私自身は墜落事故を経験していないけど、同僚のRさんが、ある大きな事故を起こした旅客機に乗り合わせてね……」と前置きした上で、次のような話をしてくれた。

「事故に遭ったRさんは、半死半生の体で生き残ったの。傷はひどかったけれど、意識はハッキリしていたみたい。救助を待っていると、どこからともなく村人たちがやって来たんですって。どこにでもいる、いかにも貧しそうな、普通の村人に見えたそうよ。ところが彼らはRさんを助けるどころか、アクセサリーや貴金属の類を一つ残らず盗むと、彼女

を放置して去って行ってしまったんですって！」

そこまで一気に語ったKさんは、一呼吸置いて、「まあ、インドではよくあることよ」と肩をすくめた。

以上が、「ニューデリー空中衝突事故」について私が個人的に知っている事柄である。あまりにも酷い話だが、真実から目を背けたくない人は、これもインドの一つの側面であるということを知っておいてほしい。

実はインドは自殺大国　若者の自殺率は世界最高水準

「近ごろ急増しているインド人の死因は？」と聞かれて、「自殺」と答える人は少ないと思う。

私も、実際にこの国で暮らしてみるまでは、そんなことは考えもしなかった。

インド人にとって自殺が大きな問題だと知ったのは、一九九〇年代後半にニューデリー生活を始めて間もない、ある日のことだ。

近所にAさんというご一家が住んでいた。旦那さんはそこそこ名の知れたジャーナリストだったらしいが、当時の私はAさんの名前も知らなかったし、そこがAさんの家であることも知らなかった。

ある日の午後、Aさん宅の周囲が何となく騒がしくなり、ご家族が飛び回る姿と、自家用車があわただしく出て行く様子が、近所の人々によって目撃された。

その時は、(急病人でも出たのかしら) ぐらいに思っていたが、間もなく、Aさんの友人であるCさんから、

「ここだけの話だけど、どうやらAさんは自殺を企て、しかも失敗したらしい」

という情報が入った。

それによれば、Aさんはその日、天井に造り付けられた大きな扇風機にロープをかけ、そこから首を吊ろうとした。しかし、みずからの重みで天井ごと部屋が半壊。本人は床に落下して、すんでのところで縊死《いし》を免れたらしい。その代わりに全身打撲などで大けがを負い、病院に搬送されたのだという。

自殺未遂とは痛ましいことだ。しかし、そんな緊急事態だというのに、Aさんの家族はなぜ救急車を呼ばなかったのだろう。

当時はまだインド社会について理解が浅かった私が、そんな素朴な疑問を口にしたところ、Cさんから返ってきたのは、

「救急車なんか呼んだら、近所の人にバレてしまうじゃないか。自殺未遂をしたことは、絶対の秘密なんだよ。このことが公《おおやけ》になったら、Aさんは逮捕されてしまうからね」

という、にわかには理解できない答えだった。

この時に聞いた話によれば、インドでは、自殺を企てることは歴とした「犯罪」と考えられており、自殺未遂者は、見つかれば容赦なく裁かれてしまうという。

Cさんいわく、

「インド刑法第三〇九条によれば、自殺を企て、かつ、その実行のための行為をした者は、一年以下の懲役、もしくは罰金、またはその両方を科せられてしまうのさ。そうならないために、Aさんの家族はAさんを自家用車に乗せて、親しい友だちが経営するクリニックに運んだわけ。自殺未遂の事実をみんなで隠ぺいするためにね」

自殺に失敗すると、その先に、さらに厳しい社会的な制裁が待っているとは！

しかも、よく聞けば、くだんの刑法はインドがイギリスの植民地だった一八六〇年に作られた〝年代物〟の法律だというではないか。現代のようなメンタル・ヘルスケアの概念

がなかった時代の古臭い法律が、ただでさえ苦しんでいる自殺未遂者をさらに追い詰めていたわけである。

この事件があってから間もないある日、今度は、インドのT財閥の会長夫人が自殺した。享年五十九。

ニューデリーの高級ホテルの屋上から飛び降りた彼女の死は、「億万長者夫人の謎の自殺」として新聞や雑誌に書き立てられたが、動機は最後までわからずじまいのようだった。

私がT夫人のことを書くのには、理由がある。実は、自殺の少し前、私はご縁あって彼女の自宅にディナーに招かれたのだ。初対面だったが、ゲストは私を含む数人だけだったこともあり、ずいぶん親身になって人生の話をした記憶がある。

その中で特に印象に残っているのは、彼女が計画していた「日本風の茶屋」の建設に関する話だ。「日本文化の大ファン」を自認していた彼女は、ニューデリーの一等地に建つ豪邸の庭に、すでに小さな茶屋風の建物を手作りしていた。

「もっと本格的な日本庭園を造りたいの。マミさん、手伝ってくださらない?」

そう語った彼女の凛とした声を、今も忘れることができない。私は彼女の日本庭園づくりを手伝うことを約束し、日本人建築家を彼女に紹介するつもりでいたが、彼女はそれを待たずに命を絶ってしまった。

生きていれば、今頃T夫人は日印友好の一翼を担っていらっしゃったのではないかと、残念でならない。この場をお借りして、ご冥福をお祈りしたい。

さまざまなデータを見る限り、近年、インド人の自殺は増加の一途をたどっている。一九七一年に約四万四千人だった自殺者数は、インドが「経済開放」した翌年の一九九二年には八万人を超え、二〇〇〇年代に入ると毎年十万人を上回るようになった。二〇二二年には過去最高の十七万人を突破した（スタティスタ「インドにおける一九七一～二〇二二年自殺者数」）。

すでに書いたように、古いインド刑法は「自殺未遂＝犯罪」と定義していた。

インド政府は、二〇一八年、「二〇一七年メンタル・ヘルスケア法」（通称：MHCA）を成立させ、自殺未遂は犯罪ではないことを明文化した。さらに、古いインド刑法に代わって二〇二三年に導入された新しい刑法「バーラティヤ・ニャーヤ・サンヒター」（通称BNS）からは、「自殺未遂＝犯罪」の記述は消えた。

しかし、それでもなお、自殺者は依然として増え続けている。

なかでも憂慮すべきは、若者の自殺率の高さだ。世界保健機構（WHO）の二〇一九年データによれば、十五〜二十九歳のインド人男性の自殺率は世界平均の約二倍。同じ年齢層のインド人女性の自殺率は、世界平均の約六倍にも達し、世界一だという。

若者の自殺こそ、現代インドの最もダークで最も根の深い問題と言えるのではないか。

インド人とアルコール　密造酒を飲んだ村の男たちが全滅

先日、生まれて初めてのインド旅行を計画中の日本人大学生（男子）から、

「インドはイスラム教国ではないから、お酒を飲んでも構わないんですよね？」

という、実にアバウトな質問を受けた。

私「それはケース・バイ・ケースですね。あなたのお齢《とし》は？」

大学生「二十二歳です」

私「インドではどこへ行きたいの？」

大学生「詳しいことは決めてませんが、エローラとアジャンタへは行ってみたいですね」

私「残念。そこはマハラシュトラ州だから、ハード・リカー（ウィスキーなどの蒸留酒）を飲めるのは二十五歳からです」
大学生「えっ、そうなんですか」
私「ただし、ワインとビールは二十一歳から飲めますけどね」
大学生「ルールが細かいんですね（汗）。では、仏教の聖地ブッダガヤはどうでしょう」
私「そこはビハール州だから、そもそも禁酒州で、何歳になってもお酒は飲めませんよ」
　その大学生は少し残念そうにしていたが、インドは州によって飲酒ルールが異なるのだから仕方がない。飲酒可能年齢も、十八歳から二十五歳まで州によって異なるため、飲む前にいちいち確認が必要なのだ。
　また、二〇二四年現在、ビハール州のほか、モディ首相のお膝元であるグジャラート州、北東部のナガランド州とミゾラム州、ラクシャドウィープ連邦直轄領が飲酒を禁じている。ルールは時々変わるようなので、お出かけの際には各自、最新情報をチェックしてほしい。
　なお、これはあくまでも一般論だが、インドは女性の飲酒に対して厳しい視線が向けられることが多い。事件に巻き込まれないためにも、インド滞在中は酒に近づかないことをオススメする。

さて、例によって一九九〇年代のインドの話から始めよう。

あれは、外気温が五十度に迫る酷暑の昼下がり。仕事に出かけた先で、どこか休む場所はないかと探していると、幸い一軒の食堂を見つけた。砂漠のオアシスとはこのことである。何か冷たいものを飲もうと店に飛び込み、メニューを見ると、珍しくビールが置いてあった。何も考えずに「冷たいビールを一本！」と注文した途端、店内の人々の視線が一斉に私のほうに向いた。間髪を容れず、支配人が顔色を変えてすっ飛んで来て、「ここではほかのお客様方の迷惑になりますから、ささ、奥の間へどうぞ」。唖然《あぜん》としているうちに、納屋のような部屋（冷房なし）に連れて行かれてしまった。部屋の隅をネズミが走って行くのがチラッと見えた。「ビール瓶が見えるとクレームをつけてくるお客様がいらっしゃいますので……」と言いながら支配人はペコペコ頭を下げていたが、だったらメニューに載せるなという話だ。怒り心頭に発しながら汗だくで飲んだあの日のビールの苦さは格別だったが、三十年前のインドでは、こんなことも起きたのだ。

「酒屋」自体は、当時から至る所に存在したが、現在の小綺麗なモールの中で営業しているリカーショップとは似ても似つかぬ、小汚くて不穏なムードの漂う店が多かった。

店舗の前面は、大きな鉄格子ですっぽりと覆われていた。こうしておかないと、酔っ払いが売り物の酒を無理やり奪って行ってしまうからだ。

鉄格子の隅には、商品と金銭の受け渡しをする小さな窓があって、店員と客はそこで酒瓶とくしゃくしゃのルピー札をせわしなく交換する。酒を一本買うだけの金を持たない客は、空き瓶を持って行って「量《はか》り売り」をしてもらう。今はおよそ見かけない風景だが、二十世紀末のインドでは、そういう買い方も普通に行なわれていた。

酒屋のまわりには、アルコール依存のオジサンたちが四六時中たむろしていて、時々殴り合いの喧嘩が起こった。それを制止するために棍棒で殴りつける警官。悲鳴。流血。とにかく危険で、カオスで、「女性が絶対に近づいてはいけない」とされる場所だった。

何らかの事情でアルコールを買えない男たちが、密造酒をつくって秘密裏に飲み、村の男ほぼ全員が一夜にして死んでしまったというニュースも、たびたび目にした。

密造酒がらみの事件について言えば、それらは決して昔話ではなく、二〇二〇年代の今なお繰り返し起こっているということを力説しておきたい。

例を挙げれば、二〇二二年七月二十五日発生の「グジャラート有毒酒死亡事件」。禁酒州のグジャラート州で、メチルアルコールの原液を飲んだ人々が次々に倒れ、少なくとも四十二人が死亡、九十七人が入院。密造酒の製造・販売に関与した十五人が逮捕された（NDTV二〇二二年七月二十七日版）。同州では密造酒が原因の死亡事故が繰り返されており、二〇〇九年七月にも、百三十六人が死亡する大惨事が起きている。

また、この原稿を書いている二〇二四年六月十八日にも、南部タミル・ナードゥ州で、密造酒を飲んだ少なくとも五十七人が死亡した（BBC二〇二四年六月二十四日版）。

密造酒を買って飲むのは、いつの時代にも、貧しい人々だ。世界銀行によれば、インド人の二十二・五％以上は貧困ライン以下のギリギリの生活を余儀なくされている。密造酒は合法的に作られた酒の三分の一程度の価格で買えることから、貧しい人々がうっかり手を出し、悲劇を招いているのだ（CNN二〇二二年七月二十七日版）。

インドのアルコール消費量は、過去三十年ほど増加傾向をたどっている。経済的にゆとりのある人々を中心に、ブランド酒の需要も増えてきた。

アルコール消費量が最も増加したのは四十〜六十四歳の男性（三十年で五・六三％増）

と十五〜三十九歳の男性（同五・二四％増）。男女差は顕著で、十五歳以上のインド人男性の飲酒率が約十九％なのに対し、同じ年齢層の女性はわずか一％程度だった。

ただしこれらの数字はあくまで「公称」であり、インタビューを受けた者が世間体を考えて嘘をついた可能性がないとはいえない。

それはともかく、何と言っても衝撃的なのは、同国で一年間に消費される約五十億リットルのアルコールのうち、実に四十％までが違法に製造されているという報告だろう（ドイチェ・ヴェレ英語版二〇二二年九月三十日版）。

富める者は世界のブランド酒を楽しみ、貧しい者は文字どおり命がけで密造酒を飲む。

これも格差社会インドの厳しい現実なのだ。

「次のトイレは百キロ先」インド農村部の切実なトイレ不足問題

先日、講演会を聞きに来てくださった女性から、次のような質問を受けた。

「マミ先生はこれまでに、広いインドのほぼ全域を歩かれたようですが、その中で女性としていちばん大変だったことは何ですか」

同様の質問を受けたのは、この時が初めてだったが、私は少しも迷わずに即答していた。

「女性としていちばん大変だったことは、ズバリ、トイレ問題です！」

会場からは「えええ」というどよめきと、「ああー」と納得するような声が同時に起こった。以下は、その時にお話ししたことの内容である。


私がインドのトイレ問題に初めて直面したのは、一九九〇年、インド初訪問の三日目のことだ。

マジシャンを探して車で長距離を移動する途中、当然の生理現象として、トイレに行きたくなった。ところが、運転手に「トイレがあったら停めてね」と頼んだところ、彼から返ってきたのは、「次にまともなトイレがあるのは百キロ先ですよ、マダム」という信じられない答え。

こんな時、男性ならそのへんで車を停め、適当な場所で用を足してしまうのだろう。

しかし、われわれ女性には、そういう芸当はできない。身体に悪いとわかっていても、ガマンするしかないのだ。実は、これが相当なストレスになる。

第七章

普段あまり目にしないインドのダークサイド

運転手は車を停めて村人たちのいるほうへ近づいて行き、「このへんにトイレはないか?」と聞いてくれているようだったが、しばらくすると戻って来て、「このへんに、トイレのある家はありません」と報告してくれた。

なんと、このへんの人たちは家にトイレを持っておらず、男女ともに、そのへんの適当な茂みに隠れて用を足しているようなのだ。

事情はわかった。しかし、このまま百キロもガマンするのは、とても無理。

私は運転手にたのんで、「どんなトイレでもいいから貸してほしい。お礼はする」と再度交渉してもらった。しばらくすると、運転手に連れられて一人のオバサンがやって来た。彼女の家には、このへんで唯一のトイレがあるらしい。「インドの田舎のトイレでよければ使っていいよ。礼は要らない」と言ってくれた。

一体どんなトイレが出てくるのだろう。ドキドキしながらオバサンの後に付いて行ったところ、何のことはない、形状は和式トイレとほぼ一緒の、いわゆる「スクワット・トイレット」ではないか。

この型なら、昭和時代を生きた世代には楽勝だ。ただし、足を深くスクワットしなければならないため、西洋式のトイレしか知らない人や、何らかの理由で脚を曲げることが困難な人にはハードルが高いかも知れないが。

この時に感じた日本のトイレとの違いを挙げておくと、まず、インドの便器には金隠しの部分がなく、そのため前後が少々わかりにくかった。しかし、万が一前後を間違えても、大勢に影響はないデザインだ。

トイレットペーパーは、当然置いてなかった。ご存知のように、インド人は事後にペーパーを使わず、(左手を用いて)水で洗い流す。そのやり方に抵抗がある旅人は、「マイ・ペーパー」を持ち歩くことが必須だ。この点は、基本的に二〇二四年の今も大きく変わらない事実なので、インドの農村部など、あまり観光客が行かない田舎を訪問する予定のある方は、常にペーパー(と、水が出ない時の手洗い代わりの手指消毒液)を持ち歩くことを、強くオススメする。その際、インドで売っているペーパーはあまり柔らかくないので、なんなら日本から持参するとよいかもしれない。実際、そうしている日本人は大勢いる。

もしもインド人のように(左手を使って)水で清浄したいのなら、その場合は、飛び散った水で衣服を濡らさないよう、十分に注意してほしい。

実際、この時に私が借りたトイレは、便器と言い、床と言い、至る所が水浸しだった。私の前に使った人が、自分の身体と便器を洗浄するついでに、床のほうにも水をかけてしまったからだろう。

どんな理由であれ、ビショビショに濡れたトイレは気持ちのよいものではない。ズボンの裾をたくし上げ、水を踏まないよう細心の注意を払わねばならなかった。

後日、『インド式トイレ・マニュアル』なるものを見つけたのだが、そこにはトイレの最初のステップとして、「ズボンやパンツはすべて脱ぎ、フックに掛けておきましょう。そうすれば服を濡らさずに済みます」と書かれていた。

インドでは、トイレに入ることも一仕事だなと、改めて思った。


この日、私が得た一番の教訓は、「インドの田舎で使えそうなトイレを見つけた時は、たとえ『今はまだトイレに行く必要がない』と思っても、とにかく行って用を足しておく」ということだ。なにしろインドの田舎はまともなトイレの数が少ないので、いつ次のトイレに出会えるか、予測できないからだ。

「トイレがほとんどない」。現代人にとって、これは最大級のストレスではあるまいか。

特に、世界でもトップクラスの清潔なハイテクトイレを日常的に使っている日本人にとって、「トイレがない」、あるいは「汚い」ことは、ほとんどホラーと言ってよいだろう。

もちろん、そうは言っても、インドではトイレもピンキリだ。

何年か前、インドでナンバーワンの大富豪だったMさんの豪邸にお食事に招かれたことがあるが、その時にトイレをお借りしたところ、便器から装飾まで、至るところが金で出来ており、驚愕したものだ。やはり、ここはナンデモアリの国だなと実感した。

私は旅人だから、ホテルに戻れば西洋式の水洗トイレが待っている。しかしインドの貧しい女性たちは、一生の間、トイレに関するさまざまなストレスを抱えて生きてゆくのだろう。

そのことが彼女たちの生き方にどれだけの影を落としているか、想像に余りある。

「トイレを造って娘を守りたい」 屋外排泄とレイプ被害

ある時、ヒマラヤの奥地で行なわれたお祭りを見に行って、一人のお婆さんに出会った。同じ村の人々と一緒に、何日もかけて遠くから歩いて来たと言っていた。

暑い日で、お婆さんの顔には汗が浮かんでいた。私は清涼飲料水の大びんを持っていたので、「一杯どうですか？」とお婆さんに勧めた。するとお婆さんは、「ダメ、ダメ。水分なんかとったら、トイレに行きたくなるだろう。水は禁物さ」と、事もなげに答えたのだ。

「お水を飲まないのは、体に悪いですよ」と意見した私に、お婆さんは答えた。

「そうなのかい？　でも仕方ないさ。お小水をしたくなったら面倒だもの。子どもの頃からずっとそうしてるよ。なるべく出かけず、どうしても出かけなければいけない時は、水は極力飲まず、お小水はなるべくガマンするの。うちにはトイレもないしさ。男みたいに立ったままできれば楽だけど、女だから仕方ないよ」


二〇一一年のインド国勢調査によれば、全国の二億四千六百六十万世帯のうち、トイレがあった世帯は四十六・九％に過ぎなかった。四十九・八％は野外で排泄。残りは公衆トイレを利用していた。

私が仕事を通じてストリート・マジシャンのＩさん（男性）と知り合ったのは、二十一世紀が始まってすぐのことだ。

Ｉさんの家は、代々続くマジシャンの家系。子どもの頃からひどく貧しく、小学校もろくに出ていないと言っていたが、マジシャンとしての腕はなかなかよかった。ニューデリー郊外のいわゆる「スラム街」に住んでいたが、真面目な努力家で、人間的に非常に優れたところのある人だった。一度、おうちへ招いてもらったことがあるが、家の中は綺麗に片付いていたし、奥さんも子どもたちもお行儀がよく、「スラム」という言葉が持つ悲惨なイメージとはかけ離れたご一家だった。

彼の賢いところは、「インド人はインドマジックに見向きもしないが、外国人は価値をわかってくれる」という真実に気づいたことだ。

以来、Iさんは必死で英語を独学。英語を駆使してニューデリーの路上でマジックショーを行なうようになった。そのうちに、彼の名前は観光客のクチコミで少しずつ有名になり、ついにはヨーロッパのメディアに取り上げられるまでになった。

こうして、収入は前より増えたが、彼は近所の男たちのように酒・タバコ・ギャンブル・女遊びに散財してしまうようなことはせず、コツコツと貯金した。なぜか？　Iさんには、「娘たちのために自宅にトイレを造ってやりたい」という積年の夢があったからだ。

「私には子どもが五人おり、長女は中学生、次女は小学校の高学年生になりました。これまで、二人は早朝に起きて遠い所まで歩いて行き、草むらに隠れてトイレを済ませてから学校へ行く毎日を過ごしてきました。万が一、トイレの途中に襲われるようなことがあってはいけないので、毎朝、妻が付き添って行くんです。お恥ずかしい話ですが、インドでは、野外で用を足している時のレイプ被害が驚くほど多いのです。しかし、わが家の今のやり方だと、トイレのために毎朝一時間も余計な時間がかかってしまいます。そんな時間があったら、娘たちには好きな勉強をさせてやりたい。娘たちを守るために、私はどうしても家にトイレを造りたいのです」

ちなみにIさんはインドで主流のヒンドゥー教徒ではなく、イスラム教徒だ。とはいえ一夫多妻婚はしておらず、妻は一人。娘も息子も分け隔てせず、同じように大切に育てていた。貧しいスラム街にも、こういう人物がいる。これもまたインドの一側面である。

そのあとも私は、取材や調査のためにインドに通いつづけた。しかし、都市部が目に見えて近代化していったのとは裏腹に、農村部は何年経っても取り残されたままだった。

そのことは、トイレ事情においては特に顕著であり、都市部と農村部の格差は開いて行く一方に見えた。

長年にわたって後手に回っていたインドのトイレ問題に、ようやく光が見えたのは、二〇一四年のことだ。就任したばかりのナレンドラ・モディ首相が、『スワッチ・バーラト作戦』と銘打ったユニークなミッションを始動したのである。

スワッチ・バーラトとは、「クリーン・インディア」の意味。同作戦の目標は、家庭用トイレを増やし、インドを「ODF」(Open Defecation Free)、すなわち「野外排泄なし」にすることだった。

もしもこれが本当に実現すれば、インドの「近代化」は実質的に前進するだろう。スワッチ・バーラト作戦の公式サイトによれば、二〇一四〜一九年までの五年間に、インドでは、実に一億台(!)を超える家庭用トイレが新しく造られ、六十万以上の村が「ODF」になったという。

この数字を見る限り、「トイレを増やす」という初期目標は実現できたようで、まずは同慶の至りである。

しかし個人的には、家庭用トイレが増えてレイプ被害が減ったかどうかが気になる。

Iさんは、スワッチ・バーラト作戦が行なわれる十五年も前から、野外排泄中にレイプされる女性たちが多いことを訴えていた。今回、その点の成果は出ているのだろうか。

統計データに当たってみたところ、スワッチ・バーラト作戦が始動した二〇一四年、インド国内で届け出のあったレイプ被害者数は三万六千七百三十五人だった。それが「ODF」宣言の出た二〇一九年には、三万二千三十二人へと若干減少。その後、二〇二〇年には二万人台にまで減ったものの、二〇二二年には再び三万人台に戻ってしまっている（スタティスタ「インドで二〇〇五年~二〇二二年に報告されたレイプ事件の総数」）。

この問題は、トイレを増やしただけで改善されるような単純なものではないらしいのだ。インドのトイレの闇は深い。

カースト制度の今　「リザベーション」制度をめぐる争い

最後に、インドを語る時に避けて通れない「カースト」の話をしておこう。

先日、インドに関する講演をしたあとで、聴衆の一人（日本人）から、「先生は、インド人と接する時、相手のカーストは気になりませんか？　また、学生さんのカーストはどうやったらわかるのですか？　学生名簿に記されているのですか？」という質問を受けた。

カースト制度について問う質問はよくあるが、ここまで具体的で個人的な質問は珍しい。私は単刀直入に返事をした。

「基本的に、相手のカーストを気にしたことはありません。気にしないからこそ、スラム街でも大富豪のお屋敷でも、先入観なしでどこへでも行けるのだと思います。次に、学生のカーストは学生名簿に記されているのかというお尋ねですが、一介の客員准教授に過ぎない私の手に渡される名簿には、そんなデリケートな個人情報は記されていません。記されているのは学籍番号と氏名だけで、ジェンダーさえ書かれていません。学生情報の大本《おおもと》となるデータにはカースト情報が記載されているはずですが、私はそこへアクセスする術を知りませんし、アクセスする予定もありません」

インド人同士でも、小さな子どもなら無邪気に「僕、〇〇〇カースト！」と名乗り合うことがあるかも知れないが、大人になると、カーストの話はしたがらない人が多い。このテーマに敏感な人とそうでない人の個人差も大きいが、デリケートな領域なので、インド人のほうから言い出さない限り、こちらから踏み込まないほうがよいと思う。

インド憲法はカーストに基づく差別を禁止しているが、カースト自体は厳然と存在する。

第七章

普段あまり目にしないインドのダークサイド

カーストとは、バラモン教（ヒンドゥー教の前身）とヒンドゥー教の社会階層制度を表わす言葉で、ポルトガル語で血統や人種を意味する「カスタ」が語源。インド人自身の言葉では、「ヴァルナ」および「ジャーティ」と呼ばれる。

このうちの「ヴァルナ」は、ヒンドゥー教徒が生まれつき属しているとされる四つの階級のことで、上から順にバラモン（司祭階級）、クシャトリヤ（王族・武人階級）、ヴァイシャ（農業・商業などに従事する庶民階級）、シュードラ（上位階級のために働く労働階級）で構成される。

ヴァルナの中は、職業・地縁・血縁・文化などによって生まれつき結ばれた、三千前後の細かな「ジャーティ」に細分化されている。

四つのヴァルナの下には、「不可触民」と呼ばれた最下層の人々がいた。現在のインドでは「不可触民」という差別的な呼称は禁じられ、口語では「ダリット」、公式には「指定カースト」（Scheduled Caste＝略してSC）と呼ばれる人々だ。

これとは別に、辺境の部族の人々は、今では「指定部族」（Scheduled Tribe＝略してST）と呼ばれている。

また、第四のヴァルナであるシュードラ階級の人々も、SCやSTほどひどくはないが、やはり差別的な扱いを受けてきたということで、現在は彼らの多くが「その他の後進諸階級」（Other Backward Class＝略してＯＢＣ）のカテゴリーに入っている。

ただし、インド人のそれぞれ何％がＳＣ、ＳＴ、ＯＢＣに該当するのかというと、実はこれがハッキリしない。調査方法が確定していないため、データにばらつきがあるようなのだ。

二〇一一年実施の国勢調査結果によれば、ＳＣはインド人口全体の約十七％、ＳＴは約九％だった。ＯＢＣの規模に関しては諸説あって、インド人口の四十一％とも五十二％とも言われる。

だが、なんと言っても衝撃的なのは、ピュー研究所が二〇一九年から二〇年にかけて、インド各地の約三万人の成人を対象に実施した調査だ。その結果を見ると、ほとんどのインド人が「自分は下位カーストに属している」と回答した。さらに興味深いことに、インド人の九十八％が「自分はカーストの一員である」と認識しており、インドのキリスト教徒の三十三％が「自分はＳＣである」と答えたという（傍点筆者）。

つまり、本来はヒンドゥー教という一つの宗教に限定された制度だったはずの「カースト」が、今や、それ以外の宗教をも巻き込んだ、インド全体の制度になっているのだ。

第七章

普段あまり目にしないインドのダークサイド

その大きな理由は、後進階級の人々の社会進出を促進するためにインド政府が推し進めてきた、「リザベーション」という経済優遇政策にあると思われる。

リザベーションとは、公務員や公立学校の定員のうちの一定割合を、後進階級のためにリザーブするシステムのこと。日本語ではしばしば「留保」と訳される。

しかし、リザベーションの優遇政策を受けられなかった人々の中には、不公平感を感じた人々もいる。一般カーストの底辺にいるぐらいなら、いっそ格下げされてリザベーションの恩恵を受けたほうが得だ。そう考えて、みずからの身分を一般カーストからOBCに格下げしてほしいと要求する人々が続出。なかには暴力的手段に訴える人々まで現われた。

二〇一五年から一九年にかけては、グジャラート州のパティダール・コミュニティの人々が、OBCの地位を求め、州内の各地で放火や破壊を含む過激で大規模なデモを行なった。この時は、政府が経済的弱者（Economically Weaker Section＝略してEWS）に対して新たに十%のリザベーションを認めることで決着したが、「いつまた同様の事件が起こらないとも限らない」と心配するインド人は少なくない。

「それならカースト制度自体を廃止してしまえばいいのに」という意見も当然あるだろうが、もはや事態がそんな単純なものでないことは、容易に想像できるだろう。

二〇二四年現在、インドの公務員や公立学校の定員のうち、十五％はSCのため、七・五％はSTのため、二十七％はOBCのため、十％はEWSのため、四％は身体障害者（Person with Disability ＝略してPWD）のためにリザーブされている。これらを足し算すると、六十三・五％。実に、国民の三人に二人が経済的優遇措置を受ける弱者という事態に至っているのだ。しかも実際の計算は、これより遥かに複雑だ。

インドのカースト問題は、日本人が想像しているものとは全く別の次元に来ている。

第八章

インドを変える超エリート集団、インド工科大学

バリバリ文系の私がインド工科大学へ結びつけたのは「弁天様」

ここまで、色々な角度からインドについて考え、この国は基本的に「ナンデモアリ」の国だと書いてきた。今からお話しすることも、まさに「ナンデモアリ」の好例だと思う。なにしろ、数学も物理も化学も苦手で、日頃から「バリバリの文系」を自認する私が、なぜか九年前から「インドの最高学府」ことインド工科大学の教壇に立っているのだから。一体、どうしてこうなったのか？　話の発端は、二〇〇七年までさかのぼる。

その年、私は「サヒティア・アカデミー」というインドのコテコテの文系団体から、ドクター・アーナンダ・クマラシュワミ・フェローシップという大層なものを授与された。サヒティアとは、インドの言葉で「作家」のこと。サヒティア・アカデミーは、インドの作家・詩人・評論家などで構成される、権威ある「作家協会」（一九五四年設立）だ。

その団体が、私にフェローシップをくださるという。文芸作品を通して印日交流に寄与してきた功績を認められたらしい。

第八章

インドを変える超エリート集団、インド工科大学

「大先達を差し置いて、私がいただいてもいいのかしら」と、日本人らしく遠慮する気持ちがなかったわけではないが、「こんな時、インド人なら一ミリも遠慮しないだろう」と思い直し、ありがたく受けることにした。

フェローシップを受けた者は、インド国内で記念講演をするしきたりだったので、私も二か月間にわたってインド全土を飛び回り、日本文化に関する講演をさせていただいた。

この時に私が行なった『日本における弁才天信仰』というテーマの講演は、お蔭様で大好評だった。

弁才天は、もともとヒンドゥー教の「学問を司る女神」で、現地名はサラスワティという。この女神様が日本に根を下ろし、七福神の紅一点として大活躍しているという話をしたところ、これがインド人に大受けした。テレビや新聞の取材もたくさん来てくれた。

講演旅行の途中、ムンバイで一日だけ自由行動の日があった。作家協会から「行きたい所はありませんか」と問われた私は、一も二もなく「インド工科大学へ行ってみたいです！」と答えていた。

と言うのも、同大学は当時すでに、日本のインド関係者の間では「インドのマサチュー

セッツ工科大学」として有名な存在。「受験者は毎年二十万人、合格者は二千人、倍率は百倍」という噂も耳に入ってきた。

（一体どんなに凄いのか、話題の大学を一度はこの目で見たい）

そんなミーハー気分で訪問したインド工科大学ボンベイ校だったが、私はここで意外なことを知った。つまり、この大学は学士課程こそコテコテの理系だが、大学院レベルではサンスクリット文学、英文学、経済学、社会学、心理学、哲学などのいわゆる文系研究もやっていたのだ。

そもそも私を案内してくださった担当者（男性）からして、ジーンズの似合う、ロン毛の英文科教授。全然理系じゃない。友だちのようなノリでキャンパスを見せてもらい、最後には、「どうだろう、キミもうちの大学で博士研究をやったら？」と勧誘まで受けた。

この時点でまだ博士号を持っていなかった私にとって、それは大層魅力的なお誘いではあった。とは言え私は、講演旅行を終えれば日本へ帰る身。インド工科大学に残るわけにもいかず、この話は単なる夢物語で終わってしまったのだが。

しかし、インド工科大学とのご縁が、それで終わったわけではなかった。

≋ 第八章 ≋

インドを変える超エリート集団、インド工科大学

六年後の二〇一三年三月のある日、私は東京都内で開かれたインド関係の大きなパーティに出席していた。

広い会場の真ん中に、インド男子が一人、ポツンとたたずんでいた。見かけない顔だったので声をかけたところ、「僕はインド工科大学カラグプール校（西ベンガル州）の卒業生で、現在は東大の博士課程に留学中です」とのこと。日本に来てから日が浅く、日本語も初心者なので、なかなか日本文化の神髄に触れるチャンスがないのが悩みだと語ってくれた。

話を聞き終えた私は、二〇〇七年にインド全土で『日本における弁才天信仰』の講義をしたことや、旅の途中でインド工科大学ボンベイ校を見学したことなどを、問わず語りに話してみた。

彼は、秀才らしくしっかりとメモを取りながら真剣に話を聞いていたが、最後に改まった調子で、「今のお話を、そっくりそのまま僕の仲間たちにも聞かせてやってくれませんか」と言い出した。

予想外なリクエストではあったが、それぐらい、お安いご用である。五月のある日、彼の仲間たちに集まってもらい、インド料理を食べながら日本の弁才天について学ぶ講座を

企画した。

参加者は約十人。全員が、東大の大学院で学ぶインド工科大学卒の男子ばかりだった。

「弁才天も、大黒天も、毘沙門天も、もとはインド出身の神様ですよ」

と教えると、目を輝かせ、日本とインドの深い縁《えにし》に感激している様子だった。


彼らからの達《たっ》ての希望で、次からは寺社仏閣めぐりをすることになり、今月は江《え》の島《しま》、来月は上野不忍池《うえのしのばずのいけ》といった具合に、月一程度のペースで日帰り弁天ツアーを催した。

私はボランティアのガイドである。弁才天をきっかけに、彼らが日本文化に親しみ、親日家になってくれるのを見るのは、本当に楽しく、また教え甲斐もあった。

こうして、弁天ツアーは翌二〇一四年もつづいた。

またしても運命に「呼ばれて」インド工科大学の教壇へ

話が少し前後するが、その頃、私はお茶の水女子大学の大学院に籍を置いて、博士論文執筆の真最中だった。

例のデリー大学での一件以来、「いつか、きっと博士論文を書く」という目標を忘れたことはなかったが、遅れ馳せながら、ようやくそのチャンスがめぐってきたのである。私がインド工科大学の卒業生たちを連れて月一で弁天ツアーをしていたのは、ちょうどその真最中だった。

さて、弁天ツアーのグループの中に、インド工科大学ハイデラバード校卒業生のMさんという男子がいた。彼は私の顔を見るたびに、「マミ先生、博士号はいつ取れそうですか」と、繰り返し聞いてきた。

この人は、なぜ私の博士号に興味津々なのだろう。不思議に思っていたところ、しばらくしてその理由がわかった。

実は、彼は大学の恩師から、「インド工科大学の教壇に立ってほしい日本人を見つけたら、すぐに連絡せよ！」というミッションを与えられていたようなのだ。

しかし、インド工科大学で「プロフェッサー」と名のつく職に就くためには、博士号が必須だった。Mさんが私の博士論文の進捗状況を気にしていた理由は、どうやらそこにあったらしい。

その年の九月、念願の博士号が取れた私に向かって、Mさんが発した第一声は、「マミ先生、おめでとうございます。早速ですが、インド工科大学で教壇に立っていただくことは可能ですか?」だった。

青天の霹靂《へきれき》とはこのことである。彼は、このひとことを言うために、私が博士号を取る日を一年近くにわたって心待ちにしていたらしい。

「そりゃあ、インド工科大学で日本文化の紹介ができたら、私としてはこれ以上に嬉しいことはないけれど、そんなことが果たして可能かしら」

半信半疑のまま、そう答えていた。

なにしろ、インド工科大学の英語名は〈Indian Institute of Technology〉。その名のとおり、テクノロジーに特化した大学だ。いくらなんでも「弁才天」や「神々」の話は、テクノロジーという領域から逸脱しすぎているのではないか?

だが、結論から言うと、それは全くの杞憂だった。ほどなくインド工科大学ハイデラバード校から、「うちの教壇に立ち、日本におけるインドの神々をテーマに講義をする意思はありますか」と、メールで正式な問い合わせがあったのだ。

第八章

インドを変える超エリート集団、インド工科大学

私はキツネにつつまれたような心持ちで、「もちろん、その意思はあります」とメールを返した。すると、「では英文の詳しい履歴書を明日までに提出してください」という返事が速攻で届いた。

言われたとおりに履歴書を提出したところ、今度は数週間ほど間があってから、「講義名と講義の概要を英文で至急提出してください」という返事がきた。

指示されたとおり、すぐに講義名と講義の概要を書いて送った。講義名は英語で『日本におけるインドの神々――その歴史・独自性・優位性』とした。

ちなみに、ハイデラバードのあるテランガーナ州の公用語はテルグ語だが、大学の講義はイングリッシュ・ミディアム（英語で授業が行なわれること）である。

「なぜ地域言語で学ばないのか」という疑問もあるだろうが、テクノロジーの分野では英語力が絶対に必要であることは論を俟《ま》たないだろう。現に、昨今のインドを大きな成功に導いた「ＩＴ」や「アウトソーシング」などの産業を支えたものの一つは、「インド人の英語力」だった。現地語で学んだりしたら、一生、この州の中でしか仕事ができなくなってしまうではないか。

というわけで、大学の授業が英語で行なわれることには、譲れない理由があるのだ。

その後、大学からは何の音沙汰もなくなった。最初のスピード感が嘘のような減速ぶりで、待ちくたびれた私は「ひょっとすると、この話はボツになったのかも知れない」とさえ思い始めていた。

ところが、そうではなかったのだ。あとで知ったことだが、私が提出した書類は、ちょうどその頃、学長の承認を待っていたらしい。

“Approved.”（承認）とたったひとこと書かれた学長からのメールが届いたのは、その年の十二月三十一日の夜。ちょうど、年越しそばの準備をしているさなかだった。

そばを食べ終える頃には、学生用ポータルサイトに「新規講座」として『日本におけるインドの神々』が掲載された。

ちなみに、私が担当するのは通年の授業ではなく、約一か月の特別集中講義である。講義は全十四回。単位は一単位。最終講義のあとで何らかの試験をし、それをもとにA＋（最高成績）からF（不合格）の成績をつけるところまでが、私の仕事だ。

こうして、全く予想外の展開で、私はインド工科大学ハイデラバード校教養学部客員准教授に就任し、インドの頭脳が集まる「理系の頂点」に飛び込んで行ったのである。

インド工科大学はインド各地にキャンパスがあり、二〇二四年現在、二十三校が展開している。これらは互いに連携してはいるが、それぞれが独立した大学組織だ。

このうち最も歴史の古いキャンパスは、一九五一年に開設されたカラグプール校（西ベンガル州）。最新のキャンパスは、二〇一六年開設のダーワッド校（カルナタカ州）、ビラーイー校（チャッティースガル州）、ゴア校（ゴア州）などである。

私が行くことになったハイデラバード校は、二〇〇八年の開設で、当初から日本の外務省と国際協力機構（ＪＩＣＡ＝ジャイカ）が技術・財政の両面で協力している。

つまり、日本とは切っても切れない関係にあるインド工科大学なのだ。

入試倍率100倍を勝ち残った学生たちの「素顔」

ここからは、二〇一五年から今日まで九年間、公私にわたってインド工科大学の学生たちと付き合ってきた私の目を通して見た、彼らの「素顔」についてお話ししたいと思う。

インド工科大学の卒業生と言えば、昨今はもっぱら、グーグルやＩＢＭ、フェデックスといった世界のトップ企業のＣＥＯに躍進したエリートたちの、雲の上の成功譚ばかりが聞こえてくる。

インド工科大学に合格できれば前途洋々、お金持ち確定。そう思っている人は世間に少なからずいる。しかし、本当のところはどうなのだろう。

確かにその「可能性」はある。インド工科大学の学生たちは、インドにおけるエリート中のエリートだ。一部の卒業生は、社会的に大きな成功を収めているし、なかには桁違いの大富豪になった人がいることも確かだ。

だがそれは、インド工科大学卒業生のうちの、ごく一握りの人々に過ぎないだろう。学生たちを九年間にわたって見守ってきた中で痛感しているのは、彼らの多くが、地味で単調でストレスフルな大学生活を、淡々と、一生懸命に生きているということだ。

私は年に一度、限られた時間をハイデラバードのキャンパスで過ごすだけの、言ってみれば「通りすがりの先生」に過ぎない。しかし、通りすがりだからこそ、学生たちが心を開いてくれる瞬間があると感じている。

インド工科大学という「男性中心」の社会にあって、私は「女性」であり、「文系」であり、「外国人」であり、彼らと直接関係のない「日本文化」を教えている。色々な意味で世界が違い過ぎて、いわゆるパワハラが発生しにくい関係と言えるかも知れない。

そういう独特な関係性と、限られた時間の中で、学生たちと私の間にしばしば不思議な信頼関係が生まれてきたことは確かだ。

私が彼らと初めて会ったのは、二〇一五年一月末。例の、学長からの「承認」メールが届いた日から数えて、約一か月後のことだった。

この年、『日本におけるインドの神々』を履修してくれた学生は、わずか六人。大学側が新規講座を告知するタイミングが遅すぎたため、多くの学生が履修登録のチャンスを逃してしまったのだと、あとから教えられた。

六人の内訳は、女子三人と、男子三人。全員が一年生で、基本的には十八歳だったはずだが、彼らをパッと見た私の印象は、「日本の十八歳に比べて、ずいぶん地味だな」。

なにしろ、髪を染めている子が一人もいない。六人中五人は黒ブチ眼鏡。お化粧っ気も全くない。眉を整えている子も、ネイルしている子もいない。着ている物は男女ともに、上は洗いざらしのTシャツかポロシャツ、下はジーンズ。足もとはスニーカー、または、かかとの低いサンダル。そして、まるで申し合わせたように、全員が大きな黒いバックパックを背負っていた。

幼くて、世間ずれしておらず、昭和の高校生のように素朴。それが私の、六人に対する第一印象だった。

だが、実際に授業を始めてみると、日本文化を知ろうとする彼らの学習意欲は尋常ではなかった。幼少期から日本のアニメを観て育ったという彼らは、筋金入りの日本ファン。「日本へ行くことだけを夢見て、今日まで生きてきました」とまで言う子もいた。

授業中は一瞬たりとも気をそらさず、わからないことがあれば次々に手を挙げて、納得できるまで何度でも質問してくる。

それはもう大変な集中力で、「さすがは倍率百倍の最難関入試を突破してきた学生だけのことはあるな」と感心した。

翌二〇一六年にも、私は再び教壇に立つためにハイデラバード校を訪れた。

すると驚いたことに、前回の「六人」から一転、今回は履修者数がなんと百六十四人に激増していたではないか。一体、この間に何が起こったのだ?

聞けば、前の年に私が日本に帰ったあと、例の六人が同級生や後輩たちに向かって、「マミ先生の授業は面白かった！」と、さんざん吹聴してくれたらしいのだ。

六人のクチコミが功を奏し、学生数は一気に二十七倍増。教室は小教室から中教室へ移動になった。しかし、それでも入りきれずに立ち見をする学生が現れたので、結局は大教室を使うことになった。

そのまた翌年、履修者はさらに微増して百七十二人。男女ともにノリのいい学生が多く、毎回の授業が終わると、十人以上の学生に取り囲まれ、日本に関する質問攻めに遭った。

圧巻は、「皆さんの成績をつけるために、今年は、ショート・ストーリーを書いてもらいます」と私がアナウンスした時の、彼らの反応だ。

「ショート・ストーリーの主人公は、あなた自身です。主人公の名前、職業、ジェンダー、時代などは、自由に決めて結構。皆さんはそのキャラになりきって、物語を書いてください。ただし、主人公は日本人で、物語の舞台は日本とします。さらに、授業で習った歴史上の日本人を一人登場させ、日本の歴史や文化をできるだけ多く描写してください。描写するごとに、点数が加算されます」

このように説明した上で、文字数制限、締切日などを発表したところ、大教室のあちこちから悲鳴にも似た歓声が上がったのである。

「主人公のキャラを自由に作り上げていいんですか？　それって楽しそう！」

「手書き原稿でも構いませんか？　文字にこだわりたいし、イラストも添えたいので」

「文字数が足りません。もっと長く書かせてください」

課題を出されて歓声を上げる学生なんて、この時まで見たことがなかった。全く予期しなかった学生たちの反応に、私は教壇の上でまさに目が点になっていた。

数学・物理・化学しか知らない学生たちに物語を書かせてみたら

課題を出されたら、普通は楽をするために、「文字数は少なくしてください」と頼んでくるのが平均的な学生だろう。

それなのに、ここの学生ときたら、「手書きにしたい」、「イラストもつけたい」、「文字数をもっと増やしてほしい」と、わざわざ自分が忙しくなるようなことを嘆願してきたのだ。全くもって、どうかしている。

第一、ただでさえ百七十二人分の成績をつけるのは大変なのに、学生一人当たりの文章量がこれ以上増えたら、私も採点のために何日も徹夜しなければならないではないか。

しかし、学生たちの目の輝きには勝てなかった。彼らが長文を書きたいというなら、書かせてみよう。熱意に押され、結局は、すべて彼らの好きなようにやらせてみることにした。

それから締切までの数日間、学生たちは楽しそうにはしゃぎながらショート・ストーリーを書いているようだった。何人かの学生は、私がよく立ち寄る学内のカフェにやって来ては、「マミ先生、途中ですけど読んでみてください！」と下書きを見せてくれた。

やがて締切日が近づくと、完成した作品が次々に届きはじめたのだが、その出来栄えを見て、私は思わず「うーん」と唸ってしまった。

多くの作品が、予想していたものを遥かに上回る力作だったのだ。文章力もあるし、

「私の話を聞いてください」と訴えてくる魂の力のようなものも感じられた。

なかには、全編フルカラーの絵本仕様にまとめられた作品もあり、あまりの出来栄えに、（この子は工科大学よりも美大に入るべきだったのでは？）と、胸を衝かれたほどである。

作品の最後に、「この授業を履修できて、本当に幸せでした！」「先生、ありがとう！」などとハートマーク付きのメッセージを書いてくれた学生もいた。


実は、私のクラスでは毎年のように、いわゆるペーパーテストの代わりに、ショート・ストーリーを書かせてきた。

興味深いのは、年度が変わりクラスの顔ぶれが変わっても、「文字数を増やしてください」というリクエストがほぼ毎年のようにあることだ。「文字数を減らしてください」という嘆願は、今まで一度も出たことがない。

これは不思議なことだった。ここの学生たちは専門科目の課題で常に忙しく、十分に眠る暇もない日々を過ごしている。暇を持て余している学生など、一人もいないはずだ。それなのに彼らはなぜ、「文字数の上限を増やして欲しい」などと訴えてきたのだろう。

どうしても気になったので、当事者の学生の一人をつかまえて、その理由を聞いたところ、彼女は次のように即答してくれた。

「理由は、この課題がとても楽しそうだったからです。それで、どうせならたくさん書きたいと思ったんです。物語を書いている間は、現実のイヤなことを忘れて、解放されたような気分になれました」

これとは別に、ある男子学生からは次のようなメールが届いた。

「最初は文科系の選択科目なんて、正直ウザいなと思っていました。やらなければならない専門科目の課題が山積みだったので、これ以上宿題が増えるなんて耐えられないと思ったからです。しかし実際には、この授業に出たことでメンタル・ヘルス（精神の健康）面でとても救われたし、生きるためのスキルを学ぶこともできたように思います」

「現実のイヤなことを忘れた」とか「メンタル・ヘルス面で救われた」という言葉が心に響いた。

彼らから改めて指摘されてみると、弁才天の話から始まって、日本文化について広く学び、最後に自分が主人公のショート・ストーリーを書いてみるという講座の試みは、予想以上に、学生たちにとって大きな意味を持っていたのかも知れない。

ここで注目したいのは、インド工科大学の入学試験科目だ。

数学、物理、化学の三教科しかない。

私が最初にインド工科大学の存在を知った頃は、「受験者は毎年二十万人、合格者は二千人、倍率は百倍」という話だった。

しかしその後、キャンパス数が増加し、それに伴って全体の定員も増加。二〇二四年の場合、「受験者は百二十三万人強、合格者は一万人で、倍率は百二十三倍強」。キャンパス数も定員も、さらに受験者数も激増し、相変らず狭き門である。

この理系三教科を合格ラインに乗せることが、憧れのインド工科大学に至る道なのだ。

そのため、インド工科大学を目指す少年少女たちは、何年もコーチング・スクール（学習塾）に通い、来る日も来る日も、数学・物理・化学だけに特化した勉強に明け暮れる。

それ以外の勉強は、受験のために必要がないので、最初から捨てさせられる。

つまり、彼らが数学、物理、化学以外の諸々の学問に触れるチャンスは、大学に入ってくる段階まで、ほとんど「ゼロ」に等しいということだ。

だからここには、とんでもない文系音痴が大勢いる。地理や歴史や文学や音楽や美術の話をすると、恐ろしく頓珍漢な答えが返ってくることも珍しくない。シェイクスピアの名前は知っているが、「何をした人かよく知らない」という学生もいた。

現在のインドでは、勉強のできる子どもがいると、本人の「適性」や「好み」には関係なく、周囲の大人が寄ってたかって、「この子はインド工科大学へ入れてエンジニアにさせる！」と決めつけてしまうことも少なくないようだ。

そんな学生たちが、ショート・ストーリーを書き、現実の自分とは異なるキャラになりきって物語の世界で自由に遊んだ。

それは、もしかしたら、彼らが選ぶことを許されなかった「もう一つの道」「もう一人の私」の疑似体験だったのではないか？

考え過ぎかも知れないが、私にはそんなふうに思えてならないのだ。

英語力の格差　出自の格差　初日から引き籠《こも》る学生たち

インド工科大学の授業では、毎回「アシスタント」の女性をつけていただいている。

選ばれるのは毎回、大学院博士課程（または修士課程）の学生さんだ。

アシスタントさんがいれば、視聴覚機材の準備や学生の出席状況のチェックなど、細かな仕事をしてもらえるし、大学の内部事情や、どこのレストランが美味しいといった事柄についても色々と教えてもらえて、何かと大助かりだ。

ある時、アシスタントさんが記録してくれた出欠簿に改めて目を通していて、授業が始まってからただの一度もクラスに顔を出していない学生が複数名いることに気がついた。病欠や忌引きなどの知らせは届いていない。つまり無断欠席である。

「この学生たちは、なぜ授業に来ないのでしょうね。必須科目の課題が忙しくて、来る暇がないのかしら。黙って椅子に座って〝内職〟(こっそり他教科の宿題などをすること)をしているだけでもいいから、せめて教室に顔を出してくれればいいのに」

私は思ったとおりのことを口にしていた。

なにしろインド工科大学は基本的に全寮制で、学生たちは皆、敷地内にある寮に住んでいるのだ。その気になれば徒歩五分。走れば三分で教室に来られる。それなのに一度も来ないのは、どうにも納得できない。

アシスタントの女性はこういう事態にも慣れているらしい。淡々とした口調で、

「もしかしたら、大学の授業についていけず、部屋に籠っている可能性がありますね。英語が苦手なのかも知れませんよ」

と答えた。

「英語が苦手？」

「ええ。インドの田舎の公立学校って、その土地の言葉で授業をすることが多いんです。ニューデリーならヒンディー語、ムンバイならマラーティー語というように。そういう学校で勉強した子って、英語が苦手な場合が多いんですよねえ。インド工科大学への受験は、英語とヒンディー語からの選択なので、英語が苦手な子はヒンディー語で受験する。で、めでたく合格して大学に入ったものの、教授が話す英語が理解できず、初日からドロップアウトしてしまうわけですよ」

なるほど、それは大いにあり得る、と私は思った。

すでに書いたように、インド工科大学の講義はイングリッシュ・ミディアム、すなわち英語で行なわれる。

教授の講義は英語。レポートを書くのも英語。プレゼンテーションも英語。

英語ができないことは、ここでは文字どおり「致命的」なのだ。

しかも――これは私の主観だが――インド工科大学の先生たちは、驚くほど早口である。インド人はもともと早口だが、ここの教授陣はその倍ぐらいの速さで講義を行なう。二倍速の弾丸トークに専門用語を搭載されたら、高校を卒業するまで英語を使ったことのない子が、付いて行けるわけがない。アシスタントさんの推理どおり、初日から姿を見せない学生たちは、英語力に問題があるのかも知れなかった。

ここで忘れてならないのは、学生たちが生まれ育った環境の大きな「格差」である。私はこれまでに何度もインド工科大学の学生の親御さんたちにお会いしたことがあるが、彼らの格差は相当に大きかった。

私が実際に知っている三人の学生、Aさん、Bさん、Cさんの例を挙げて説明しよう。

Aさんの実家は、いわゆる「名家」である。政界・財界にも顔が利く。家族の何人かはヨーロッパや合衆国に留学した経験を持ち、全員が流暢《りゅうちょう》で教養のある英語を話す。食事や着るものの趣味も洗練されていた。

Aさんの父親は何度か日本を訪れたことがあり、私は彼から日本の歌舞伎や能に関するかなりディープな質問を受けた。

Bさんの実家は、いわゆる「中流家庭」だ。家族全員が高等教育を受けているが、インド工科大学のような名門大学へ入ったのは、Bさんが初めてだという。親戚の何人かが海外に住んでおり、自分たちも海外（特にアメリカ西海岸）で暮らしたいと夢見ている。全員がインド訛りのある英語を話した。

Bさんの両親にとっては「日本＝自動車メーカー」というイメージらしく、インドを走るＳＵＺＵＫＩの車がクールだと言って、盛んに日本車を褒めてくれた。

Cさんの実家は、「貧しい家庭」だ。両親とも高等教育を受けておらず、英語も話せない。兄弟姉妹は何人かいるが、大学へ進んだのは今のところCさん一人だけだという。

驚いたのは、私に対するCさんの母親の態度だった。

最初のうち、彼女は神に祈るときのような仕草で何度も私を拝んでいたが、その果てに、突然ひれ伏して、私の両足に両手で触れながらおでこをすり付けてきたではないか。

これはインドでは最高の敬意を表わす仕草で、宗教指導者や長老など、かなり格上・目上の相手に対してのみ行なう特別の挨拶。気持ちはありがたかったが、そこまでしてもらうのは申し訳なく、私は彼女に「どうか、もう立ち上がってください」と何度もお願いした。

「母は典型的な田舎の人で、教育もなく、神頼みしかできません。先生に敬意を表現したくても、どうしたらいいかわからないのです。どうか気を悪くしないでください」

そう言って、Cさんは恥ずかしそうに首をすくめた。

私は、決して気を悪くしたわけではないことを強調した上で、「私は普通の人間ですから、これからはもう拝まなくていいんですよ」と、Cさんの母親に重ねてお願いした。

Cさんの両親は日本のことを何も知らないらしく、日本に関する話題は何も出なかった。

糖尿病かどうかを問う入学願書 カーストによって異なる足切り点

Aさん、Bさん、Cさんの三家族から類推できるように、インド工科大学の学生たちが生まれ育った環境には、人によって雲泥の差がある。

経済力、社会的影響力、教養、学歴、英語力、住む家、食事、何もかもが別世界だ。

もちろん、格差自体は世界中どこにでもあるだろうが、インドの状況は特に深刻だ。

第八章

インドを変える超エリート集団、インド工科大学

『世界不平等データベース2020』によれば、インドは「世界で最も不平等な国」の一つで、国民の上位一％が国富の二十二％を占める一方で、下位五十％の人々のシェアはわずか十三％に過ぎない。

また、二〇二一年十月の国連報告によれば、インドでは貧困状態にある人々の六人中五人までが、SC（指定カースト）やST（指定部族）の人々だった。

つまりインドでは、「貧しい人々」と「カースト制度の中で最も低い階級の人々」が、基本的にほぼイコールなのである。

もちろん、そうした問題に対処すべく、インド政府はさまざまな方策を練ってきた。その大きな柱が「リザベーション」の制度だ。

この制度によって、二〇二四年現在、インドの公務員と公立学校の定員の十五％はSC、七・五％はST、二十七％はOBC（その他の後進諸階級）、十％はEWS（経済的弱者）、四％はPWD（身体障害者）のために、それぞれリザーブされている。

インド工科大学は、インド中央政府の教育省の管轄下にあり、リザベーションの対象だ。入学願書には「カテゴリー」という欄があって、そこには「一般」とか「SC」とか「ST」というように、自分が該当するカーストを記入しなければならない。

インド工科大学に入るためには、まずは、インドのいくつかの工学系大学が共同で実施する共通試験（JEE Main＝ジー・メイン）を受験し、そこで「カットオフ」（足切り点）以上の点を取らなくてはならない。

ちなみにＪＥＥはJoint Entrance Exam（合同入学試験）の略。試験は、英語・ヒンディー語・いくつかの地方言語からの選択で行なわれるので、言葉のハンデは、この段階では問題にならないと言ってよいだろう。

ジー・メインで「カットオフ」以上の点数を取った受験生だけが、二次試験JEE Advanced＝ジー・アドヴァンストに進むことができるのだが、その段階で、一般カテゴリーの受験生とリザベーション制度を利用した受験生のカットオフには、例年、大きな差があるようだ。

例えば二〇二四年の場合、一般枠の受験生のカットオフは（満点の）九十三・二三％だった。それがＥＷＳ枠では一気に八十一・三二％まで下がり、ＯＢＣ枠では七十九・六七％、ＳＣ枠では六十・〇九％、ＳＴ枠ではわずか四十六・六九％。つまり、ＳＴ枠で合格した者（の最下位）は、一般枠で合格した者（の最下位）の約半分の点数しか取っていないわけだ。

ジー・メインを合格した受験生（規定では最大で二十五万人）は、このあと二次試験のジー・アドヴァンストへと進む。使用言語は、英語とヒンディー語からの二択に狭《せば》まる。この試験を勝ち残った者が、晴れて天下のインド工科大学生となれるわけだが、ここでもリザベーション制度が適用され、後進諸階級の「席」はあらかじめリザーブされている。『ジー・アドヴァンスト２０２４公式パンフレット』（インド工科大学マドラス校発行）には、「虚偽のカテゴリーを申告したことが露見した場合、入学許可を取り消します」と明記されている。同じ点数なら下位カーストのほうが合格しやすいと考え、実際より低いカーストを名乗ろうとする受験者への警告だろう。

逆に、後進階級の受験者が「自分はリザベーションの世話になんかなりたくない！」と考えて一般枠で受験することには、制度上は何の問題もない。しかし、わざわざそんな困難な道を選ぶ人が実在するだろうか？　正直に言って、私にはわからない。

なお、インドでは必要な人々に対して「カースト証明書」（Caste Certificate）が発行されており、必要な時は、これでみずからのカーストを証明することができる。

ジー・メインの入学願書の話が出たついでに書いておくと、この願書には、「カーストのカテゴリー」以外にも、日本の入学願書ではついぞ見たことのない、非常に珍しい設問がある。その中から二つほど紹介しておこう。

珍しい設問その一「あなたは双子ですか？」

名前や外見が似かよった受験者を確実に区別するための質問のようだが、インドで時々「なりすまし受験」が問題になることを思えば、この質問はなかなか味わい深い。

ちなみに、二〇二三年に行なわれたジー・メインの入試では、全部で二十人いた百%（満点）合格者のうちの一人が、一卵性双生児の片方だった。もう一人も九十九・九九%で合格し、「風貌が瓜二つの双子の兄弟がトップ合格」として話題になった。

昨今のインドでは不妊治療を受けるカップルが増え、この二十年で双子の出生数が十倍に増えたそうだから、今後はこの質問が今以上に重要度を増すかも知れない。

珍しい設問その二「あなたは糖尿病患者ですか？」

この問いには驚愕した。弱冠十八歳の少年少女に、早くも糖尿病の心配が必要とは！

インドが糖尿病大国（ＷＨＯ発表の患者数は、二〇二四年現在、七千七百万人）であることは知っていたが、これから大学を受験する若者にまで病気の有無を問うとなると、事態はかなり深刻だ。

それにしても、願書を提出する段階で、なぜこの設問が必要なのか？

実は、ジー・メインの入学試験では、二〇一七年以来、糖尿病患者による砂糖・水・リンゴ・バナナ・オレンジなどの試験会場持ち込みが許可されている。

つまり、「糖尿病ですか？」の問いに「はい」と答えておけば、それらの飲食物を持ち込めるということなのだ（ただし医師の診断書が必要になるかも知れないが……）。

ちなみに、糖尿病以外の受験生は、食品はもちろん、水の持ち込みも一切不可。

糖尿病患者には優しいが、健常者にはなんとも厳しいルールなのである。

インドに蔓延するカンニング
医学部の共通試験で問題が漏洩

それにしても、糖尿病患者の学生は許可されている水の持ち込みを、一般受験生はなぜ禁じられているのだろう。

「当然、カンニング防止のためでしょう」

事もなげにそう答えてくれたのは、インド工科大学の学生、Sさんだ。

「インドではカンニングが横行していて、合格するためなら平気で不正をする連中がいますから。それを予防するために、余計なものは試験会場に持ち込めない規則になっています。水も、おそらくそういう理由から持ち込み禁止になったのでしょう」

では、途中で喉がカラカラになってしまったら、どうしたらよいのか。そう問いかけると、Sさんは今度もあたりまえのように即答した。

「そういう時は唾《つば》を飲んで耐えるんです。小学生の頃からガマンすることには慣れてますから。それに、試験中は問題を解くことに必死で、どうせ水を飲む暇なんてありませんし」


インドでは、カンニングが大きな社会問題になって久しい。

今からお話することは、インド工科大学とは直接関係のない話だが、「インド人とカンニング」を語る時に忘れられない象徴的な事件なので、ぜひ紹介しておきたい。

第八章

インドを変える超エリート集団、インド工科大学

あれは二〇一五年三月のこと。ビルの外壁をスパイダーマンのごとくよじ登る大勢のインド人の姿が激写され、世界に衝撃を与えた事件を覚えておられるだろうか？

事件の舞台となったのは、インド東部ビハール州の町。その日、四階建ての旧式なビルの中では、十年生（十五〜十六歳）の生徒たちを対象に、ある国家試験が行なわれていた。人生のターニングポイントとも言うべき重要な試験だったようだ。

ビルの外壁には、何十人という男たちがよじ登っていた。ある者は庇《ひさし》を利用し、またある者はロープを使って、目的の階まで登りきると、彼らは窓から部屋の中へ、急いで紙を差し入れた。カンニングペーパーだ。なかには紙を飛行機の形に折り、窓から遠く離れた席の生徒に向けて飛ばす男もいた。

部屋の中では、まだ幼さの残る十年生たちが、壁をよじ登ってきた男たちから紙を受け取ると、急いで答案用紙に書き写していた。彼らは家族、または親しい友だちで、ここで起こったことは、一家総出・友だち総出の大がかりなカンニング大作戦だったのである。

一部始終を映した動画を見ると、カンニングペーパーを受け取った生徒は、自分だけで正解を独占せず、まわりの友人たちにも見せてやっているようだった。なるほど、これならクラスメートの恨みを買うこともない。こうして犯罪の輪はますます広がっていく。

これと類似した事件は、それまでもインドのあちらこちらで起こっていたが、特に人々の耳目を集めることはなかった。だが、この時はあまりにも派手にやり過ぎたせいか、事件は海外メディアの目を引き、あっと言う間に世界に配信されてしまった。

「カンニングはインドに古くからある問題だが、生徒の親族らが校舎の壁をよじ登り、室内で試験を受ける子供たちにカンニングペーパーを手渡したことで、問題は文字どおり頂点を極めた」と報じたのは、ワシントン・ポスト紙（二〇一五年三月十九日版）。

その翌日にはロイター通信が、「インドの生徒たちが監督官の目をかいくぐり、あからさまなカンニングをしている画像が拡散。ツイッター（現在のX）上で嘲笑を買うとともに、東部の貧しい州の教育制度の欠陥を露呈している」などと報じた。

残念ながら、インドではカンニングが日常茶飯事。二〇二四年五月に行なわれた医学部・薬学部受験者のための入試、「国家資格試験兼入学試験」（通称NEET）でも、入試問題と解答が事前に流出する大不祥事があったばかりだ。

事件が起きたのは、またしてもビハール州。この原稿を書いている段階で志願者のAと、Aの叔父でダナプル市議会の技術補佐員のB、それにCとDの、少なくとも計四人が逮捕された。

Aによれば、試験前夜に叔父のBから呼び出され、流出した問題用紙を渡されて、解答を一晩で暗記するよう指示されたという。問題と解答は、それを必要とする複数の受験生に三百万ルピー（日本円換算で約五百六十五万円）、またはそれ以上の高額で販売されたことが確認されており、インド社会に大きな衝撃を与えている。

今回の入学試験には、約二百四十万人が受験したが、そのうち六十二人が史上例を見ない七百二十点満点を獲得。さらに数千人が異例の高得点を獲得したことから、広範囲で不正が行なわれた疑いが持たれている（ＩＮＤＩＡ ＴＶ二〇二四年六月二十日・二十二日版他）。

なお、Aは前夜に叔父から解答を渡されたにもかかわらず、試験では七百二十点中の百八十五点しか取れなかった（エコノミック・タイムズ紙二〇二四年六月二十日版）。

ちなみにＮＥＥＴの試験は国が運営管理しており、昔ながらの「紙とペン」で行なわれたという。

これに対して、インド工科大学への二次試験であるジー・アドヴァンストは、インド工科大学自身が運営管理しており、今やコンピュータの画面上で解答するオンライン試験である。

インド工科大学の入試で画期的なのは、出題される問題の内容はどの受験生も同一だが、出題の「順序」が受験生ごとにシャッフルされ、入れ換わることだ。

出題の順序が変わるにしたがって、解答（選択方式）の順序も変わる。そのため、解答用紙に書くべき答えの順序が、周囲の席の受験生たちとかぶることはなく、カンニングは回避される（と言うか、カンニングをすることに何の意味もなくなる）。

同大学では、入試にコンピュータが導入される前の「紙とペン」の時代にも、問題の順番をシャッフルした八種類の問題用紙を使い分けることで、カンニングを予防していた。

このあたり、テクノロジーを専門にするインド工科大学の面目躍如たるものがある。

そして、「インド中の試験を、問題の順番を入れ換えるインド工科大学方式に変えたらいいのに……」と思うのは、私だけではないだろう。

インド工科大学の闇
他大学の二倍と言われる自殺率の高さ

二〇一五年にインド工科大学で教え始めた時、複数のインド人から耳打ちされたことがある。

「あそこは多いみたいですよ、自殺が。ハイデラバード校がという意味ではなく、インド工科大学のすべてのキャンパスがそういう傾向にあるという意味です。自殺率は他大学の二倍と聞きましたよ」

半信半疑でネット検索してみたところ、情報が出てくる、出てくる。

当時のインターネット上には、「インド工科大学の自殺」に特化したウェブサイトさえあって、自殺者のフルネーム、日時、キャンパス名、状況、理由などが詳細に報じられていた。時には、亡くなった学生の生前の写真も載っていたように記憶している。

二〇二四年現在、当該サイトはネット上に見当たらないようだ。さすがにプライバシー保護などの観点から、サイトごと削除されたのかも知れない。

すでに書いたように、インドでは長いこと自殺が「犯罪」と考えられていた。そのため、未遂に終わった場合は「自分を殺そうとした犯罪者」として社会から厳しい視線を向けられることもあった。しかし、二〇一八年、政府は「二〇一七年メンタル・ヘルスケア法」を成立させ、自殺未遂は犯罪ではないことを明文化。くだんのサイトが消えたのは、この法律と関係しているのかも知れない。

それにしても、「インド工科大学・自殺」などのキーワード（英語）で検索すると、大量の記事にヒットすることに驚く。左は、そのうちのほんの一例だ。

「二〇一九年からの五年間で、合計三十七人のインド工科大学生が自殺。最多はデリー校の六人」（タイムズ・オブ・インディア紙二〇二四年六月七日版）。――この記事は、メンタル・ヘルスへのサポートと、ストレス・マネージメントの必要性を説く内容となっている。

「過去二十年で百十五人のインド工科大学生が自殺。最多はマドラス校の二十六人。ボンベイ校は十人」（ヒンドゥスタン・タイムズ紙二〇二四年六月二十四日版）。――記事によれば、百十五人のうち九十八人は学内で亡くなっており、うち五十六人が縊死だった。

「インド工科大学デリー校では、今年が始まってからわずか四十七日目にして五人目の自殺」（テレグラフ紙二〇二四年二月十七日版）。――今年五人目の自殺者は、修士課程の学生だった。友だちによれば、全教科で成績優秀、就職も決まっており、なぜ死を選んだのか全くの「ミステリー」だという。学内には二十四時間、三百六十五日オープンのカウンセリング・センターがあるものの、インドではメンタル・ヘルスに偏見があり、相談に行く学生は稀だと記事は主張している。

……数え上げれば、きりがない。

このほかにも、インド工科大学関係者の間でほとんど伝説のように語り継がれている自殺の例もある。

例えば、インド工科大学マドラス校の大学院一年生だったFさん（女子）の事例。彼女はイスラム教徒であることを理由に、教授からコンスタントにハラスメントを受けていたようだ。

二〇一九年十一月九日、みずから命を絶ってしまった彼女が残したサムソンのスマホの待ち受け画面には、「私の死の原因は〇〇〇」と教授のフルネームが記されていたという。これが死後にＳＮＳで拡散されて、大きな騒動になった。

悲しいことに、ここ数年の自殺者の中には、日本人学生も一人含まれている。インターンとしてインド工科大学グワハティ校を訪れていた、男子大学院生のＸさんだ。インドのメディアは、彼のフルネームと年齢、日本における所属（大学名）などをつぶさに報じているが、ここではプライバシー保護のため、仮に「Xさん」と呼ぶことにしよう。

Xさんの遺体は、寮の浴室の天井に造り付けられた換気扇から、首を吊った状態で発見された。遺書は残されていたが、宛名は書かれていなかったそうだ。

実は、Xさんがグワハティを訪れる少し前に、私は日本文化に関する特別講義を頼まれて、同校に短期滞在していた。グワハティはインド北東部、紅茶の産地として有名なアッサム州の州都である。その時に私が受けたグワハティ校の印象は、「緑の深い山々に囲まれた桃源郷のようなキャンパス」。敷地内には森あり、蓮池あり、時には野生のレオパードも現われる、実に野性味あふれる環境だった。

Xさんは、九日後には日本へ帰る予定だったというが、なぜ異国の地でみずからの命を絶ってしまったのだろう。少しの時間差で会えなかった同じ日本人として、何もして差し上げられなかったことが残念でならない。心からご冥福をお祈り申し上げる。

インド工科大学での自殺の原因としては、「学業上のストレスとプレッシャー」がしばしば挙げられる。カースト、宗教、貧富の差などに起因した差別を指摘する人もいる。

彼らは、大学へ入る前の数年間、勉強、勉強、また勉強の、究極の勉強漬けの日々を過ごした。倍率百倍以上という厳しい競争に打ち勝って、いざ大学へ入ってみると、今度はさらに優秀な同級生たちとの激しい競争が待っていた。

「田舎の高校では秀才とおだてられていましたが、インド工科大学へ入ってみたら、自分がただの凡才であることを思い知らされました」

と自嘲気味に語る学生もいた。

いつまでも果てることのない競争の連続。自殺を選んでしまった彼らは、そんな環境に疲弊しきって、ついに人生ゲームから「一抜け」してしまったのかも知れない。

「僕はうつ病でも何でもない」男子学生の遺書がもたらした波紋

もう一人、みずからの命を絶ってしまった男子学生のことを書いておきたい。

悲しい出来事だが、これも一つの現実である。悲劇を繰り返さないためにも、私はその現実から目を逸らしたくない。

彼のことは、仮に「Aさん」と呼ぶことにしよう。Aさんは、インド工科大学ハイデラバード校の学生だった。伝えられるところによれば、卒業を間近に控えた彼が学生寮の七階から飛び降りたのは、二〇一九年二月一日の深夜。その時、Aさんは部屋に一人きりだったようだ。

カレンダーが木曜から金曜に変わった瞬間、Aさんは、その時を待っていたかのように、数人の友だちに宛てて一通のメールを一括送信した。

「やあ、みんな。もう気づいた頃かな。舗装道路の上に飛び散っているのは、僕だよ」

こんな衝撃的なメッセージで始まるメールを受け取って、友人たちはどうしただろう。すぐには理解できず、何度も読み直しただろうか。あわててAさんに電話をかけただろうか。電話に出ないAさんを心配して、彼の部屋に駆けつけた者もいたかも知れない。それとも、恐る恐る窓を開けて、舗装道路を見下ろしただろうか。

誰が最初にAさんの遺体を発見したのか、私は知らない。しかし、第一発見者の気持ちを想像すると、胸が圧し潰されそうになる。

Aさんからのメールは、淡々とした調子で、次のように続いていた。

「一般的に自殺がどういうものかは知っているけど、僕はうつ病でも何でもないよ。自分の人生を終わらせるという決断は、未来に何があるかを予測した上で僕がくだした、純粋に論理的なものなんだ。人生にはもう何の興味もそそられないし、日々の単調な仕事は、時間が経つにつれてつらくなっている。そう、これは決して急に決めたことじゃないんだ。本当のところ、この決断をくだしたのは先週だ。そして、みんなも気づいたかも知れないけど、今週の僕は、今まででいちばん幸せだった。ともあれ、みんなに何か説明する義務があると思ったので、これを書いている。どうか、くれぐれも自分を責めないでほしい。結果を変えるためにみんなにできることは何もなかったんだし、それに、みんな、いい友だちだったよ。以上、通信終了」（原文は英語。日本語訳は山田による）

彼が数人の同級生に送ったとされるこのメールは、その後、瞬く間に拡散したようだ。日本にいた私のもとにも、複数の学生たちからメールが転送されてきた。

事件はメディアにも取り上げられ、Aさんのフルネームはもとより、メールの内容や、両親のコメント、生前に写された彼のスナップ写真などが報道された。

遺書に書かれた「うつ病でも何でもない」という言葉を意識したのだろう、タイムズ・オブ・インディア紙（二〇一九年二月三日版）は、見出しにわざわざ『うつ病』のインド工科大学ハイデラバード校学生、一週間前に自殺を計画」と書いた。Aさんの父親の、「息子には自殺する理由が何もない」、「事故だ」という発言も紹介された。


新聞に掲載された写真を急いで見たが、Aさんの顔には全く見覚えがなかった。私のクラスでは、毎年必ず、最後の講義の日に集合写真を撮ることにしている。だから、授業にやってきた学生の顔を、私は基本的にすべて覚えている。見覚えがないということは、Aさんが私の講義を履修しなかったということだろう。

しかし念のために調べたところ、Aさんは、二〇一七年に私の講義を履修していた！しかも単位も取っていた！

二〇一七年と言えば、学生たちが例のショート・ストーリーを書いた年ではないか。あの年は、学生たちが大いに盛り上がり、「文字数をもっと増やしてほしい」と異例の注文が付き、最後には「この授業を履修できて、本当に幸せでした！」とハートマーク付きの礼状まで届いた、まさに、クラス中が一体となって、乗りに乗ったあの年である。

あんなに楽しかったクラスのどこかに、Aさんは静かに紛れ込んでいたというのか？

集合写真をていねいに見直したが、やはり、そこにAさんの姿はなかった。

そこで、当時アシスタントの女性が付けてくれた出欠簿をチェックしたところ、Aさんの欄はすべて「×」マークで真っ黒に埋め尽くされていた。つまり彼は、ただの一度も授業に出席していなかったのだ。新聞に載ったAさんの顔に見覚えがなかったのは、私が彼に会っていなかったからなのだ。

課題のショート・ストーリーを真面目に書き、期限を守って送信してきた彼は、なぜ、唯の一度もクラスに顔を出してくれなかったのだろう。その頃から、人と会うことが苦痛だったのだろうか。クラスメートと一緒に何かをすることの楽しさを伝えてあげたかった。


そう言えば、二〇二三年に開講したクラスでは、こんなことがあった。

この年、私の講義は連日、午後五時半から七時の開講。ほとんど夜に近い時間帯だった。学生たちは朝から間断なく続く授業、授業、また授業で、エネルギーの残量はほとんどゼロといった状態。空腹のせいもあって、教室にたどり着く頃にはすでに多くの者が口数少なく、足取りも重くなっていた。

そんな彼らのために最後の授業をするにあたり、私は急に思いついて『ドラえもん』の歌を皆で歌ってみたのだが、これが、「ショート・ストーリー」の時に勝るとも劣らない大好評だったのだ。

学生の多くは幼少期にこのアニメを見て育っており、テーマ曲のメロディをよく知っていたが、歌詞はインドのローカル言語に訳され、しかも原曲とは意味が違っていた。そこで最後の授業では、歌詞の本当の意味や文法、その背景にある文化なども教えながら、オリジナルの日本語で歌えるようになるまで、一時間かけてこの曲を練習した。

すると驚いたことに、普段は冷静沈着な学生たちが、初めて見せる笑顔になって、無邪気に拍手をし、「マミ先生、もう一度!」と、子どもに返ったような大騒ぎ。「大学に入ってから今日までのすべての出来事の中で、『ドラえもん』を歌った時間がいちばん楽しかったです」とメッセージしてきた学生もいた。私はハッとし、何か大切なことを教わったような気がした。

笑いは病を癒すという。一人の教員に出来ることはごく限られているが、無力というわけではない。この次に講義する時も、何はともあれ学生たちと一緒に『ドラえもん』だけは歌おうと思った。

砂漠に咲いた一輪の花？　圧倒的に楽しげなデザイン学科

ここまで、インド工科大学の学生たちが直面するさまざまなストレスについて書いてきた。

今度は視線を変えて、私自身が体験しているストレスについて、お話ししようと思う。年に一度、数週間だけ大学に滞在する私の立場は、いわば根なし草のようなもの。寮も、研究室も、教室も、すべては仮の住まいで、何となく落ち着かない。

せめて運動をしたいが、このキャンパスには教員のためのスポーツ施設がないのだ。私はアスリートではないし、日本にいても週三〜四回ジムに通って筋トレをするほかは、たまにプールで泳ぐだけ。しかし、そういう軽い運動をすることさえ、ここでは難しい。ハイデラバードでジムへ通うとなると、会費を払ってスポーツクラブの会員になり、タクシーを呼び、往復二時間ほどかけて町へ出かける必要がある。なかなか、敷居が高い。

「あーあ、身体がなまる。ストレスがたまる。運動がしたい」

私が思わず溜息をつくと、アシスタントさんはあわてたような口調で、

「ヨーガ教室はいかがですか。キャンパス内で、毎週末にやっているらしいですよ」

そう言いながら、あまり自信がなさそうに、あさっての方向を指さしてみせた。

「ヨーガ教室があるなら、早速、今週末に参加したいわ。予約してもらえますか？」

「ノープロブレム。マミ先生のお名前で予約しておきますね」

そんな会話が、何度交わされたことだろう。しかし、実際に予約が取れたことは一度もない。それどころか、教室が実在しているのかどうかさえ怪しい。

どうやらここの人たちは、身体を動かすことにはさほど興味がないようだ。やれやれ。


ハイデラバード校に赴任した最初の年（二〇一五年）、食事のたびに通った教員用の食堂で、毎日のように顔を合わせたポーランド人のご夫妻がいた。夫のほうが写真家で、インド工科大学で写真展を開催するために、妻を同伴し、遊びがてらインドへやって来たのだという。「これからオープニング・パーティがあるから、君も来ないか？」と誘われ、面白そうなので、急遽、顔を出してみることにした。

インド工科大学ハイデラバード校には、メインの工学部（十二学科）と、理学部（三学

科)、教養・デザイン・経営学部(三学科)の計三学部があって、ポーランド人の個展を主催したのはデザイン学科だった。

私がデザイン学科の人々と関わりを持ったのは、その日が初めてだったが、会った瞬間、砂漠に咲いた一輪の花を見たように感じた。そこだけが、ひときわ華やかに見えたのだ。

この大学でオシャレをしている人を見たのも、この時が初めてだった。デザイン学科の人たちがオシャレをするのはあたりまえかも知れないが、なにしろここは絶望的なほどオシャレとは縁のない大学。皆が洗いざらしのテキトーなTシャツを着て、寝ぐせ頭で歩く中、ファッションにこだわりを持ったデザイン学科の彼らは、よい意味で「異質」だった。

写真展のオープニング・パーティの席上、私はデザイン学科の教授たちとすぐに意気投合。彼らから、「うちの大学院生のために、日本文化に関する特別講義をしてもらえませんか」といきなり依頼され、一も二もなく承諾していた。

というわけで、数日後、私は早くもデザイン学科の大学院で教壇に立っていた。

学生たちは、部屋のあちこちに椅子を運び、思い思いの場所に陣取って寛ぎながら、話に聞き入ってくれた。講義中の私の顔をカリカチュア(風刺画)に描き、サプライズでプレゼントしてくれた学生もいた。誰もが「今」を自由に楽しんでいる様子が伝わってきて、ストレスとは無縁な時間を過ごすことができた。

それにしてもデザイン学科の学生たちは、同じキャンパスの中にいる他学科の人たちと比べて、なぜこんなに「異質」なのだろう。気になって色々と調べたところ、考えられる大きな原因は、どうやら彼らが経験した「入学試験」にあるらしかった。

インド工科大学へ入るためには「ジー・メイン」と「ジー・アドヴァンスト」という超難関試験をクリアする必要があること、その試験に受かるためには、子どもの頃から学習塾に通い、数学・物理・化学の勉強漬けにならざるを得ないことは、すでにお話しした。

この時まで私は、これらの「ジー」と呼ばれる試験こそが、インド工科大学に入るために必要な唯一絶対の方法だと思いこんでいた。

だが、例外があったのだ。デザイン学科へ入るための試験は、数学・物理・化学の難問がズラリ並んだ「ジー」とは別物の、「デザイン系学部共通入試」(略称はUCEED)というものだそうではないか。そして、この入試の中身が、なかなかユニークなのである。

例えば、二〇二四年に行なわれた同試験の場合、図形やパズルを用いたIQテストのような問題がたくさん出題されたあと、最後に、文章で示された状況を鉛筆画で表現する能力が問われた。

鉛筆画の問題は二問あって、そのうちの一問は次のような内容だった。

［問い］黒鉛筆だけで、六歳の女の子が初めての登校日に持って行くお弁当を描きなさい。中身はインドの典型的な食べ物とし、乾物と液体の両方を入れなさい。


なんと遊び心にあふれ、しかも実用的な工業デザインの能力を問う高度な設問！　インド工科大学におけるデザイン学科の立ち位置が「異質」だと感じた理由が、ようやくわかった気がした。その秘密は、学生を選抜するための入試内容にあったのだ。

なお、念のため申し上げると、デザイン科も超難関校であることには違いなく、例年、入試倍率は五十倍ほどに達する。

彼らの「異質さ」は多様性と柔軟性をもたらし、大学を強くすると思う。また、学内にはびこるストレスも軽減するだろう。かつて私の講義を履修してくれた学生の、「この授業に出たことでメンタル・ヘルス面でとても救われたし、生きるためのスキルを学ぶこともできたように思います」という言葉が思い出された。

ちょうど、たくさんの種類の樹が生い茂った雑木林が災害に強いように、異質な人々が一緒にいることによって、その場所は強くなる。工科大に、敢えて「文系」で「外国人」の私が投入された理由の一つも、間違いなくそこにあるだろう。

これぞインド工科大学の深慮遠謀。やはりインドは面白い国だなと、改めて思った。

学生たちが抱く日本への疑問
いちばん多かったのは「長寿の秘訣は？」

数年前から、インド工科大学へ教えに行くたびに、学生たちに同じ質問をしている。その質問とは、「日本について、あなたがいちばん知りたい疑問は何ですか？」

第一回目の講義でこの質問をし、その日の夜までにSNSやメールで回答を寄せてもらう。その中から、多くの学生が知りたがっている疑問や、「これは大切な視点だな」と思う疑問をいくつか選び出して、二回目以降の毎回の講義の終わりに、一問につき五分程度で私が解説するという趣向だ。

こうすることで、私は学生たちが日本に対して抱いている疑問をつぶさに知ることができるし、学生たちも、日本について本当に知りたいことをピンポイントで質問できる。

≈ 第八章 ≈

インドを変える超エリート集団、インド工科大学

インド工科大学ハイデラバード校は、産官学の全分野で日本との関係が深く、留学や仕事で日本を訪れる学生が多い。そのため、日本で生活することを前提としたリアルで実践的な質問が、例年たくさん寄せられる。例えば、

「箸の使い方にはルールがあると聞きました。日本の食事のマナーを教えてください」

「私はビーガンです。植物性の食品以外、一切口にしません。日本で生き残れますか」

「日本語のできない僕のような外国人でも、日本で生きていけるでしょうか」

……などなど。そうかと思えば、

「伝統的な茶道はどのように発展し、現代の日本社会でどのように役立っていますか」

「日本は『固有の伝統文化』と『テクノロジー』をどのように両立させているのでしょう」

「第二次世界大戦が日本に与えた影響はどのようなものですか」

「日本人は『魂』や『死後の世界』をどう考えますか」

と、日本を深く掘り下げて考えようとする真摯《しんし》な質問も少なくない。

このほかにも、日本の大学の入試制度に関する質問や、日本人の結婚観についての質問、

アニメや秋葉原に関する質問など、学生たちが知りたいことは多岐にわたる。

その中で、毎年、複数の学生たちから繰り返し出される疑問がある。それが、標題にも書いた「日本人の長寿の秘訣《ひけつ》は何ですか？」という問いかけだ。

最初にこの質問をされた時は、何とも言えない違和感を覚えたものだ。

（わずか十八か十九の若い身空《みそら》で『長寿』に興味を持つなんて、ちょっと早いのでは？）

一瞬そう思いかけたが、すぐに（いや、待てよ）と思い直した。インド人のいわゆる「平均寿命」が、日本人のそれに比べてかなり低いことを思い出したからだ。

世界保健機構（ＷＨＯ）のデータによれば、二〇二一年現在、インド人の出生時平均余命は、男性が六十五・八歳、女性が六十九歳、全体では六十七・三歳となっている。これに対して日本の出生時平均余命は、男性八十一・七歳、女性八十七・二歳、全体八十四・五歳で、インド人よりも十数歳から二十歳近く長生きする傾向にある。

要するに日本人は、インド人から見ると「とんでもなく長生き」な人種なのだ。学生たちは、こういう数字をニュースなどで読んで実によく知っており、本気で「日本人の長寿の秘訣」を知りたがっているようだった。

「マミ先生、どうしたら元気で長生きできるか、具合的な例を挙げて教えてくれませんか」

　学生が真顔で頼んできたので、私は自分の母親のことを話すことにした。

　二〇二四年現在、母は九十二歳だが、いまだに眼鏡なしで新聞や書籍を読める。歯も二十五本残っているし、白髪もほとんどない。趣味で家庭菜園を造ったかと思えば、最近始めた短歌を雑誌に投稿しては何度も入選し、いつも若いお友だちに囲まれている。

「母のように若い頃から身体を動かし、どこへ行くにもよく歩き、野菜をたくさん食べ、油っぽいジャンクフードは口にしない。好きな人たちに会い、新しいことにチャレンジして、ストレスを溜め込まない。長寿って、そういう小さなことの積み重ねの結果じゃないのかな？」

　私がそう告げたところ、質問者の男子は苦笑いをしながら頭を搔いた。

「すごく耳が痛いです。僕ら、ほとんど一日中椅子に座ったままだし、歩かないし、ネットに依存しているし、野菜は好きじゃないし、脂っこいジャンクフードが大好きだし、常にストレスを溜め込んでますから。今からでも遅くないなら、日本の人たちから学びたいです」

寿命に関して言えば、ここの学生たちが心配していることが、もう一つあった。出生時平均余命をインドの「州」ごとに見ると、残念なことに、ハイデラバードのあるテランガーナ州は全インドで最下位、すなわち「最も短命」の烙印を押されてしまったのだ。

とりわけ、この州の男性は、平均でわずか五十八・四歳までしか生きられないというシビアな報道がなされたこともある（二〇一五〜一六年、インド全国家族健康調査）。

テランガーナ州の平均寿命がこれほど低い直接の原因は、乳児死亡率が高いことにあったようだが、そこにはさまざまな理由が複雑に入り組んでいることだろう。

理由はともあれ、自分の「地元」が全国一の短命と知って、いい気持ちがするわけはない。学生たちは、このニュースを聞いて、自分たちの将来に不安を持ったのではないか。

もっとも、日本だって最初から長寿国だったわけではない。一九五五年頃の平均寿命は男女ともに六十歳代で、今のインドと同程度だったと聞いている。そのあと六十年以上をかけて、日本は努力の末に、現在のレベルまで寿命を延ばしたのだ。

そのことを思えば、ここの学生たちが悲観するのは早すぎる。ことに、インド工科大学はテクノロジーに特化した大学だ。テクノロジーを使って、今は「世界最悪レベル」とされるインドの大気を浄化したり、ゴミ問題を解決したり、やるべきことは山積している。

そのためにも、学生たちには、まず自分自身の健康を確立してほしい。なるべく身体を動かし、ジャンクフードを控え、リアルで人に会い、大いに笑って日々を楽しめ！

それがインド工科大学の学生たちに向けた、私からのいちばんのメッセージなのだ。

おわりに：ノープロブレムじゃないからインドは面白い

インドの国会議員団のお世話をした時から数えて、四十四年の歳月が過ぎた。当時は、まさか自分がここまで深く、長期にわたってインドと付き合うことになるとは、夢にも思っていなかった。

まさに、理屈を超えた、不思議なご縁と言うほかはない。

本書の中で、数多くの事例を挙げて書いたとおり、インドはとんでもなく疲れる国だ。しかし同時に、その疲れが吹き飛んで余りあるほど面白い国でもある。

とにかく光と影の対比がハッキリしている。ラクシュミーとアラクシュミーの姉妹のように極端で、容赦がないが、その分、信じられないほど学ぶことが多い。

特に何かしようと思わなくても、そこに存在しているだけで修業が始まってしまう、それがインドなのだ。

だから私は、疲れると知っていながら、これからも、何度でも、彼の地を目指すだろう。

そして、彼の地で見たこと、聞いたこと、感じたことを、文章に書いて発表するだろう。

どうやらそれが私に割り当てられた、この世での仕事のようだから。

≈ おわりに ≈

ノープロブレムじゃないからインドは面白い

なお、本書のタイトルにある「ノープロブレム」は、インド人がかなりの頻度で口にする言葉だ。直訳すれば単に「問題なし」という意味だが、実際にはそれよりずっと奥の深い、したたかな言葉である。

インド人が「ノープロブレム」と言い出したら、実は何らかのプロブレムが発生している可能性が高いと考えたほうがよい。「ノープロブレム」を強調すればするほど、実はとんでもないプロブレム案件だったりする。

もちろん本当に「問題なし」の場合もあるが、その真逆である可能性をとりあえず疑ってみることが、インドではとても大切だ。

なにしろラクシュミーとアラクシュミーが姉妹の国なのだ。プロブレムとノープロブレムが双子であっても、何ら不思議はないだろう。

それとは別に「ノープロブレム」は、本来なら「ありがとう」や「ごめんなさい」と言うべきシチュエーションでも、しばしば使われる。

例えば、プレゼントをもらって「ノープロブレム！」

約束の時間に遅れて「ノープロブレム！」

お互い様の意味でも「ノープロブレム！」

「ノープロブレム」には、そういうインドらしい含意もたくさんある。決して単なる「問題ない」ではないのだ。

しかも本書の場合は、「ノープロブレム」＋「じゃない」と二重否定になっているから、さらに複雑だ。一筋縄でも二筋縄でもいかないインドの凄さの一端を、汲《く》み取っていただければ幸いである。

ご縁あって本書を手に取り、最後まで読んでくださった皆様のご多幸を心からお祈り申しあげる。

本書の執筆に当たっては、インド工科大学ハイデラバード校の同僚と教え子たち、公益財団法人日印協会の各位、日印両国の友人たち、インドで苦楽を共にした家族、セバスチャン高木さん、イラストレーターの小松容子さん、笠間書院の吉田浩行さんに大いにお世話になった。この場をお借りして、衷心から御礼を申し上げたい。

二〇二四年九月

イラスト

小松容子
（こまつ　ようこ）

女子美術大学デザイン科卒業。
女性誌の挿絵を中心に、
広告、WEB、パッケージ、教科書、
テレビ番組素材など、幅広く活動中。
魅力ある人々を描くのが大好き。
インドには憧れつつ、
行くのは無理であろう弱腰イラストレーター。
ホームページは
www.atelier-yokoko.jp

山田真美（やまだ・まみ）

作家・博士（人文科学）。インド工科大学ハイデラバード校客員准教授。公益財団法人日印協会顧問。元・明治学院大学特命教授。1960年、長野県生まれ。明治学院大学経済学部卒業後、オーストラリアのニュー・サウス・ウェールズ大学大学院で海洋学、インドのデリー大学大学院でインド哲学を研究。2009年、高野山大学大学院修士課程修了、修士（密教学）。2014年、お茶の水女子大学大学院博士課程修了。博士論文のテーマは『カウラ事件の研究』。1990年よりインド文化関係評議会（ICCR）の招聘を受け、インドマジックとインド神話を調査研究。1996年より2001年まで家族とニューデリー在住。1996年より毎年『ブリタニカ国際年鑑』のインドの内政・経済・外交記事を担当。2001年、日印芸術研究所（インド政府認可法人）言語センター長就任。著書に『運が99％戦略は1％インド人の超発想法』（講談社刊）、『死との対話』『ロスト・オフィサー』（ともにスパイス刊）、『夜明けの晩に（上・下）』『ブースケとパンダの英語でスパイ大作戦』（ともに幻冬舎刊）、『インド大魔法団』（清流出版刊）、『吉祥天と行くインドの旅』（インド政府観光局刊）など多数。
ホームページ yamadamami.com

インド工科大学マミ先生の
ノープロブレムじゃないインド体験記

2024年10月5日　第1刷発行

著　者 ——— 山田真美
発行者 ——— 池田圭子
発行所 ——— 笠間書院
〒101-0064　東京都千代田区神田猿楽町2-2-3
電話 03-3295-1331　FAX 03-3294-0996

イラスト ——— 小松容子
装幀・デザイン ——— 静野あゆみ（Harilon design）
本文組版 ——— キャップス
印刷・製本 ——— 平河工業社

乱丁・落丁は送料弊社負担でお取替えいたします。
お手数ですが、弊社営業部にお送りください。
本書の無断掲載、複製は著作権法上での例外を除き禁じられています。

ISBN978-4-305-71023-9

©Mami Yamada, 2024